MONIKA LANGE-TETZLAFF

Bohnen-
viertel

MONIKA LANGE-TETZLAFF

Bohnen-viertel

Streifzüge im Herzen von Stuttgart

THEISS

Inhaltsverzeichnis

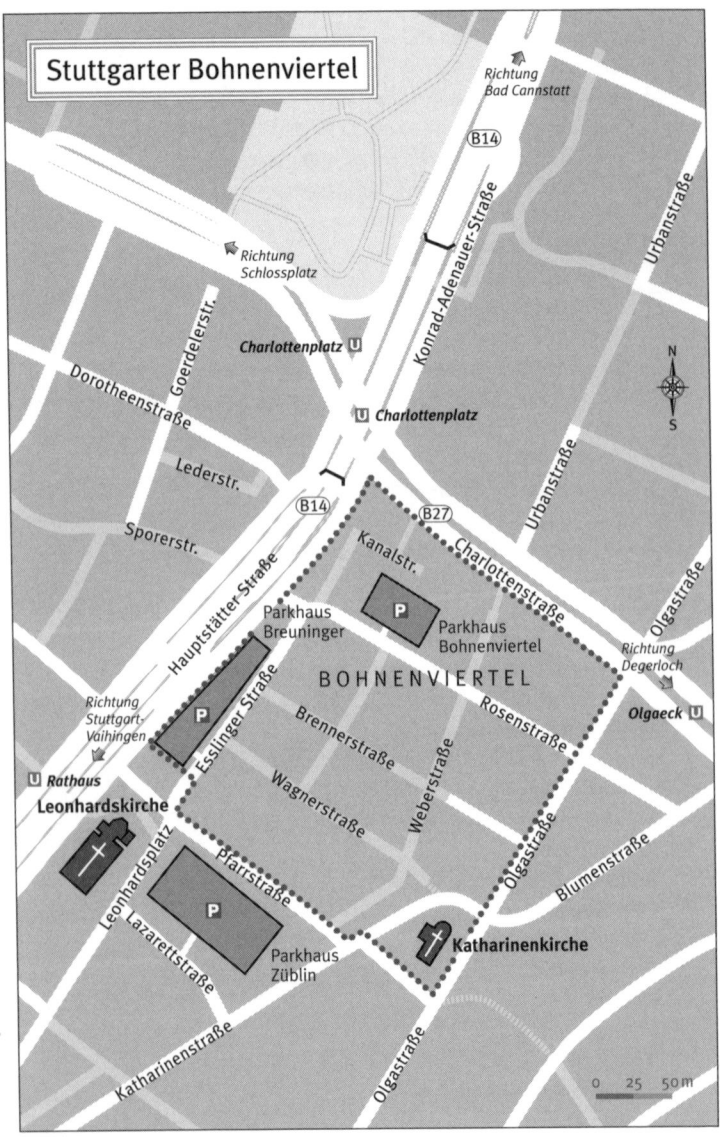

Stuttgarter Bohnenviertel

Richtung
Bad Cannstatt

B14

Richtung
Schlossplatz

Goerderstr.

Charlottenplatz U

Konrad-Adenauer-Straße

Urbanstraße

Dorotheenstraße

N
W—E
S

U Charlottenplatz

Lederstr.

Urbanstraße

Sporerstr.

B14

B27

Kanalstr.

Charlottenstraße

Olgastraße

Hauptstätter Straße

Parkhaus
Breuninger

P

Parkhaus
Bohnenviertel

Richtung
Degerloch

Richtung
Stuttgart-
Vaihingen

Esslinger Straße

P

BOHNENVIERTEL

Brennerstraße

Rosenstraße

Olgaeck U

Weberstraße

U Rathaus

Wagnerstraße

Leonhardskirche

Pfarrstraße

Leonhardsplatz

Lazarettstraße

P

Parkhaus
Züblin

Olgastraße

Blumenstraße

Katharinenkirche

Katharinenstraße

Olgastraße

0   25   50 m

Fußgängerzone

Ein Stadtquartier wird vorgestellt

Das Bohnenviertel ist nicht nur das älteste erhaltene Stadtquartier Stuttgarts, sondern es besitzt auch einen ganz besonderen Charme, der Bewohner und Bewohnerinnen wie
auch Besucher und Besucherinnen immer wieder in seinen
Bann zieht.

Die Mischung aus alteingesessenem Handwerk, hippen
Läden und interessanter Gastronomie, der Mix aus Altem,
Traditionellem und Modernem prägt dieses Quartier und
macht es zu etwas ganz Besonderem. Dieses Viertel lebt von
seinen Gegensätzen, die sich bekanntlich anziehen, und seiner Vielfalt.

Für alle, die das Viertel (noch) nicht kennen: Es geht um das
Quartier zwischen Olga- und Esslinger Straße sowie zwischen Charlotten- und Pfarrstraße. Die Leonhardskirche bildet die Grenze zum Leonhardsviertel. Bohnen- und Leonhardsviertel unterscheiden sich grundsätzlich, obwohl beide
einmal gemeinsam die „Esslinger Vorstadt" oder „Leonhardsvorstadt" bildeten. Das Leonhardsviertel ist heute Stuttgarts

Rotlichtviertel. Allerdings ein schwäbisches Rotlichtviertel: Mit dem in Frankfurt am Main oder gar mit dem Hamburger Kiez lässt es sich nicht vergleichen! Es ist eben ein schwäbisches Rotlichtviertel.

Nicht immer hat man allerdings das Bohnenviertel so positiv gesehen. Fritz West nennt es in „So ist Stuttgart", einem „unterhaltsamen Begleiter für In- und Ausländer", das dunkle Viertel, in dem „kuriose Gestalten" an „schäbigen Häuschen" entlangschleichen, um dann plötzlich zu verschwinden.[1] Ein bisschen klingt das wie Prag, wenn der Golem sein Unwesen treibt. Was allerdings heute noch Gültigkeit hat: Richtig zum Leben erwacht das Viertel erst gegen Abend. Dann füllen sich die Sträßchen mit zahlreichen Fußgängern, die gut essen gehen wollen, was im Bohnenviertel kein Problem ist. Man hat die Qual der Wahl.

Aber ein dunkles Quartier ist das Bohnenviertel keinesfalls mehr. Vor allem im Sommer weht südländisches Flair durchs Quartier: Restauratoren arbeiten im Freien, Schreiner haben ihre Werkstatttüren auf und lassen den würzigen Geruch von frisch gesägtem Holz auf die Straße ziehen.

Die vielen kleinen Läden haben offene Türen, und manchmal trägt jemand auf einem kleinen Tablett Cappuccino oder ein Glas Wein durch die Straßen. Kinder spielen hier noch in den Straßen, dafür ist die Fußgängerzone ja auch da, und der Kanarienvogel wird vors Fenster gehängt und darf die Sträßchen besingen. Gassen gibt es im Bohnenviertel übrigens keine: Alle Wege, und seien sie noch so schmal, tragen die Bezeichnung „Straße".

Das Bohnenviertel gehört also einerseits zur Innenstadt, ist aber andererseits durch die sogenannte Stadtautobahn, sprich die Hauptstätter Straße, von der Innenstadt abgeschnitten. Daraus resultiert ein Teil der Problematik des Quartiers: Es ist heute von der restlichen Innenstadt abgehängt. Aber genau diese Situation ist auch ein Stück Geschichte des Viertels, das immer schon außerhalb der Stuttgarter Kernstadt lag und auch nur deshalb seine liebenswerte Eigenart entfalten konnte.

Dengler schien es, dass Stuttgart sich des kleinen Viertels schämt, das jenseits der großen mehrspurigen Straße liegt und das durch zwei große Parkhäuser, die wie Sichtblenden wirken, vor dem besseren Teil der Stadt versteckt wird.

Wer die große Hauptstätterstraße beim noblen Kaufhaus Breuninger unterquert, steht auf der anderen Seite im Bohnenviertel auf einem kleinen belebten Platz, auf dem Geschäfte getätigt werden, deren Umsätze hinter denen der vornehmen Boutiquen in der Eberhardstraße nicht zurückstehen. Hier wird jedoch nicht mit edlem Tuch, sondern mit harten Stoffen gehandelt. Ein vorsichtiges Brummen liegt über dem Platz, jederzeit können die Geschäfte abgebrochen werden, sei es durch einen auftauchenden Polizeiwagen oder durch einen plötzlichen Regenguss.

Über mehrere Jahre hatte die Polizei die Junkies der Stadt verfolgt, die sich ursprünglich am oberen Ende der Königstraße versammelt hatten, trieb sie auseinander, verteilte Aufenthaltsverbote in der Stadt, fuhr ortsfremde Süchtige außerhalb der Stadtgrenzen in den Wald und ließ sie dort wieder laufen. Langsam verlagerte sich die Szene von der Innenstadt in die bürgerlichen Viertel und rief die Proteste besorgter und gut betuchter Eltern hervor. Dieses für alle Seiten unangenehme und für die Stadt teuere Spiel versuchte der Polizeipräsident zu beenden, indem er öffentlich erklärte, er komme der Drogenszene mit polizeilichen Maßnahmen nicht mehr bei. Sofort erhob sich großes Geschrei in der Stadt, und er wurde mehr oder weniger unverhohlen der Komplizenschaft mit den Dealern bezichtigt. Die Bürger aus den besseren Vierteln verlangten, die Polizei solle ihnen das Problem der unansehnlichen Drogenabhängigen aus den Augen schaffen. Der Polizeipräsident wurde abberufen und erhielt einen Schreibtischjob im Innenministerium. Ein neuer Polizeipräsident, dem ein noch härterer Ruf vorausging als dem alten, wurde ernannt. Doch war er klug genug zu wissen, dass sein Vorgänger Recht hatte – mit der Verfolgung der Drogenabhängigen war das Suchtproblem der Stadt nicht zu lösen. Deshalb gestattete er in dem von zwei Parkhäusern abgeschirmten Viertel einen Umschlagplatz für Aufputsch- und Betäubungsmittel aller Art.

Im Bohnenviertel wohnen viele ärmere Menschen, Alte und Ausländer; alles Leute, die nicht über Verbindungen verfügen und von denen lauter Protest nicht zu erwarten ist. So regelte sich die Sache.

Dengler blieb stehen. Die Unterführung lag hinter ihm und gab den Blick auf den *Güler Kebab* frei, dessen Ladentheke, durch einen grünen Baldachin mehr verunziert als geschmückt, mit einer riesigen Blechschere aus dem Erdgeschoss eines vierstöckigen Hauses mit einer braunen Metallfassade herausgeschnitten schien. Die beiden oberen Stockwerke trugen deutliche Rostspuren, und die Tag und Nacht heruntergelassenen Rollläden deuteten auf die illegalen Pokerrunden hin, in denen eine Truppe türkischer Spieler

Deutschen und Griechen viel Geld abnahm. Links daneben drückte sich ein unscheinbarer Bau, in dem sich eine Kunstaugenpraxis,
eine Import-Export-Firma für Naturhaare und ein Zentrum für am-
bulantes Operieren befanden. Neben einem Outlet-Geschäft, das
den ersten Stock in Anspruch nahm, befand sich der 2001-Laden,
wie immer gut besucht, in dem Dengler die Regale einmal in der
Woche nach Blues- und Jazzplatten durchstöberte.

Dengler beobachtete einen Typ in kariertem Hemd und einer
Hose aus derbem dunklen Stoff, der über den Platz schlurfte. In
der rechten Hand hielt er ein goldenes Saxophon und in der lin-
ken eine Flasche Schnaps. Der Mann wankte wie ein überladener
Kahn, schaute abwechselnd auf das Instrument und die Flasche,
überfordert mit der Entscheidung, was er zuerst in den Mund stecken sollte.

Dengler bog nach links ab, kam an dem *Buddhistischen Zentrum Stuttgart* der Karma Kagyü Linie e.V. vorbei, das sich ein Stockwerk mit dem Optima-Finanzservice teilte, und blieb vor einem
Kerzenladen stehen. Er las ein mit Tesafilm an der Glastür befestig-
tes Flugblatt:

Spüren, was uns trägt ...

*Seit einem Jahr trifft sich die Entspannungs- und Meditations-
gruppe Stuttgart Mitte immer mittwochs von 19–20 Uhr
im Stadtteilhaus Mitte.*

Wir sitzen und liegen je 20 Minuten mit Anleitung.

Einschlafen ist erlaubt. Ein- und Ausstieg jederzeit möglich.

Näheres unter:

Es folgte eine Telefonnummer.

Wenige Schritte weiter bog er in die Wagnerstraße ein, die besser Wagnergasse heißen sollte, mit ihren glänzenden Pflasterstei-

nen und den beiden engen Bürgersteigen. Die Häuser stehen nah, und die Sonnenstrahlen müssen jede List anwenden, um zum Grund der Gasse zu gelangen; sie nutzen die Lücken zwischen Häusern, sogar offen stehende Fenster, doch nur mittags, wenn die Sonne senkrecht über Stuttgart steht, dürfen sie sich für kurze Zeit ohne Umschweife auf den Boden fallen lassen.

Auf dieser kurzen Strecke leben noch die Überreste einer untergehenden Welt und stemmen sich mutig, aber ohne viel Hoffnung der Gleichmacherei der Moderne entgegen, wie der meisterhafte Restaurator alter Möbel, zu dem die wohlhabenden Bürger von weit her ihre Truhen tragen, ihre Tische und Stühle. Als habe er heilende Hände, fügt er gleichartiges Holz – oft auf schwierigem Weg beschafft – in die künstlichen Risse, pflegt alte Bilderrahmen gesund, doch darf die Kundschaft keinen Liefertermin verlangen; es ist erst fertig, wenn es fertig ist.

Um diesen kleinen Laden sammeln sich einige Antiquitätengeschäfte und eine helle Galerie für afrikanische Kunst, deren Exponate so wunderbar sind, dass die türkischen Kinder aus der Nachbarschaft oft ehrfurchtsvoll staunend und einander die Hand haltend vor dem großen Schaufenster zu finden sind.

Dazwischen auf halber Höhe das *Basta*, Bar und Restaurant gleichzeitig.

Es ist leicht zu erkennen an den beiden großen Glasscheiben zur Straße hin, dazwischen die Eingangstür, innen eine Bar aus rotem Holz und ein bis zur halben Höhe getäfelter Speiseraum. Ein paar Quadratmeter Paris mitten in Stuttgart, fand Georg Dengler, als er hier zum ersten Mal einen Grauen Burgunder trank, und sagte das zu der Frau, die neben ihm an der Theke stand. Sie stellte sich als Helga Lehnard vor, als Eigentümerin des *Basta* und des dazugehörigen Hauses. Als sie erfuhr, dass Dengler eine Wohnung in Stuttgart suchte, bot sie ihm die frei gewordene Wohnung im ersten Stock an. Seitdem wohnte er hier.

Was es mit der Bohne auf sich hat

Warum gerade „Bohnen"viertel? Die Bohne, eine Hülsenfrucht, ist seit alters her bekannt und geschätzt. Sie gilt, wie alle Hülsenfrüchte, als nahrhaft und lässt sich auch in getrocknetem Zustand gut bevorraten. Als Pflanze ist sie relativ anspruchslos und wächst rasch. Also ein ideales Nahrungsmittel für ärmere Leute, das man auch leicht selbst anbauen konnte. Für die Stangenbohnen reicht es, eine Stange und einen Bohnenkern in die Erde zu stecken und abzuwarten. Der Rest entwickelt sich nahezu von alleine.

Weil die Bohne so beliebt war, ranken sich auch viele Geschichten um die Bohne. Viele Besucher und Besucherinnen des Bohnenviertels haben sich sicher schon gefragt, was der Stuhl auf dem Sims an der Hauswand des Kaffeehauses „s'Böhnle" (Ecke Weber- und Brennerstraße) bedeutet. Nein, da hat man nicht etwa einem Gast den Stuhl vor die Türe gestellt, sondern – so erzählt man sich – der Stuhl symbolisiert den Thron des Bohnenkönigs. Früher gab es den Brauch, dass am Dreikönigstag auch das Bohnenfest gefeiert wurde, was meist in Gaststätten geschah. Dazu buk man einen sogenannten Königskuchen, in den eine getrocknete weiße Bohne eingebacken wurde. Wer das Stück mit der Bohne erhielt, war der Bohnenkönig und konnte sich feiern lassen. Aber Achtung: Der Bohnenkönig musste im Gegenzug dafür das gesamte Lokal freihalten![2] Und wie es sich für einen König gehört, hatte der Bohnenkönig einen Thron.

Heute werden Bohnen, egal ob grüne, weiße, braune oder rote von allen Bevölkerungsschichten geschätzt und gern gegessen. Sie haben den Charakter eines Nahrungsmittels für ärmere Leute vollständig verloren. Die grünen Stangenbohnen dienen oft beim Bohnenviertelfest als liebevolle Dekoration an den Häusern oder an den Ständen.

Von der Leonhardsvorstadt und der Esslinger Vorstadt zum Bohnenviertel

Der Name „Bohnenviertel" für das Quartier ist erst neueren Datums. Ursprünglich (1334) gab es eine kleine Leonhardskapelle, die zwischen Gärten, Äckern und Wiesen lag, also vor der Kernstadt (der heutigen Innenstadt). Um diese Kapelle herum, die bereits 1337 nachgewiesen wurde, wuchs

Abb. 1 „Die fürstliche Statt Stuetgart"; Stich von Matthias Merian (gedruckt 1643)

die sogenannte Leonhardsvorstadt, die noch zwischen 1588 und 1594 so bezeichnet wurde, parallel dazu aber auch seit 1475 den Namen „Esslinger Vorstadt" trug, nach dem Tor und der Straße, die wie der Name sagt, runter zum Neckar und nach Esslingen führte.

Die heutige Landeshauptstadt Stuttgart hat viele Partnerstädte in aller Welt, auch Brno/Brünn in Tschechien gehört dazu. Kaum jemand weiß aber, dass die Beziehungen zwischen Stuttgart und den tschechischen Landen bereits sehr alt sind und der Prager Wenzelsplatz, nach dem Entwurf von Peter Parler, das Vorbild für die ursprüngliche Anlage der Hauptstätter Straße abgab. Natürlich nicht in den originalen Abmessungen, schließlich ist im Schwäbischen alles ein bisschen bescheidener. Rund 50 Jahre nach der Prager Anlage wurde um 1393 mit dem Bau in Stuttgart begonnen. Der Prager Straße „Zum Graben/Na Prikopje" entsprach zum Beispiel die Esslinger Straße.[3] Man orientierte sich auch damals bereits gerne an bedeutenden Vorbildern, schließlich war Prag eines der großen Zentren der Zeit.

Um diese Zeit (15. Jahrhundert) war die Leonhards- oder Esslinger Vorstadt bereits dicht bewohnt, aber trotzdem gab es hier immer noch Äcker und Gärten. Man darf sich das allerdings nicht so idyllisch vorstellen, wie es vielleicht klingt: Bei der Bevölkerung handelte es sich in erster Linie um ärmere Leute, Handwerker vor allem und Lohnwengerter, also Weinbauern, die gegen Bezahlung in anderer Leute Weinberg arbeiteten. Die Wengerter mussten weite Wege

17

zurücklegen, um an ihren Arbeitsplatz, sprich in „ihren" Weinberg zu gelangen. Mit dem „Kreben" auf dem Rücken zogen sie frühmorgens hinauf zum Kriegsberg auf der anderen Seite der Stadt, zur Mönchhalde oder auch zum Gähkopf.[4] Dass es bei den Bewohnern und Bewohnerinnen der Esslinger oder Leonhardsvorstadt nichts zu holen gab, wusste auch der Magistrat der Stadt, der sich 1563 gegen Herzog Christoph wandte, weil der Herzog eine Steuer für die Finanzierung der Stadtmauer erheben wollte. Der Magistrat wies den Herzog darauf hin, dass die Bevölkerung der Vorstadt durch Frost, Hagel und in Folge davon durch Teuerung so verarmt sei, dass man keine Steuer erheben könne.

Den Unterschied zwischen der „Reichen Vorstadt" und der „Leonhardsvorstadt" kann man auch an den Steuerregistern ablesen. Von 304 potenziellen Steuerpflichtigen der Leonhardsvorstadt waren 60 ohne Vermögen, mussten also nur den symbolischen Betrag von einem Batzen bezahlen. Dies waren rund 20 Prozent der Bevölkerung des Quartiers. In der Reichen Vorstadt hingegen (damals die 4. Linea genannt), waren von 134 potenziellen Steuerzahlern nur 13 ohne Vermögen, also rund 10 Prozent. Bei diesen 10 Prozent handelte es sich zudem meist um Knechte oder Mägde.[5]

Etwas Urschwäbisches, oder zumindest einen Vorläufer davon, gab es bereits im 15. Jahrhundert, nämlich die Kehrwoche, über die sich Nichtschwaben gerne lustig machen. Allerdings hat die Kehrwoche, die gern belächelt wird, einen ernsthaften Hintergrund. So hieß es 1492 in einer Verordnung:

> *„Damit die Stadt rein erhalten wird, soll jeder seinen*
> *Mist alle Woche hinausführen, sonst darf der Spital*
> *ihn für sich holen lassen; jeder seinen Winkel alle vier-*
> *zehn Tage, doch nur bei Nacht, sauber ausräumen lassen*
> *und an der Straße nie einen anlegen. Wer kein eigenes*
> *Sprechhaus hat, muss den Unrat jede Nacht in den Bach*
> *tragen."*[6]

Zur Erläuterung: Ein Sprechhaus war ein WC-Häuschen, natürlich ohne Wasserspülung. Man hatte bereits im 15. Jahrhundert den Zusammenhang zwischen Unrat und Krankheiten erkannt und versuchte, Abhilfe zu schaffen. Man darf nicht vergessen, es lebten damals nicht nur Menschen in der Stadt, sondern auch jede Menge Nutztiere, die teilweise auch frei herumliefen und überall ihre Spuren hinterließen. Das traf auch zweifellos auf die Esslinger Vorstadt zu.

Die Vorschriften zur Beseitigung des Unrats wurden in den nächsten Jahrhunderten immer exakter: 1714 gab es die erste Gassensäuberungsordnung, die besagte, dass der Unrat aus Kloaken und Winkeln bei Nacht vor das Hauptstätter Tor oder vor das Rothebildthor (Rotebühltor) gekarrt werden solle. Dies war die Arbeit der sogenannten Kärrner, die von der Stadt entlohnt wurden und den Unrat in einem geschlossenen, mit Glöckchen versehenen Karren abtransportierten. Die Glöckchen sollten dafür sorgen, dass zufällig Vorübergehende rechtzeitig dem anrüchigen Gefährt ausweichen konnten.

Dreißig Jahre später wurde die Pflicht zur Reinhaltung der Straßen auf die Hausbesitzer abgewälzt und mindestens zweimaliges Kehren in der Woche vorgeschrieben. Auch die öffentlichen Plätze sollten gesäubert werden, und zwar von den Armen, die die Stadt materiell unterstützte. Klingt ein bisschen wie Hartz IV und die damit verbundenen Ein-Euro-Jobber. Da die Stadt ihre Pappenheimer kannte, setzte man natürlich auch eine Aufsicht ein: Es gab einen Gasseninspektor, unter dessen Einfluss die Kehrwoche weiter reglementiert wurde. Nun legte man auch Uhrzeiten fest, an denen gekehrt werden sollte (Mittwoch und Samstag um 5 Uhr, im Winter um 3 Uhr nachmittags). Außerdem wurde festgelegt, dass bei trockenem Wetter die Straßen mit Wasser bespritzt werden mussten. Ab 1811 musste man übrigens einen Gulden Strafe zahlen, wenn man nicht oder nicht häufig genug kehrte. Für die Bewohner und die Bewohnerinnen der Esslinger Vorstadt war dies ein hoher Betrag, der einen lieber zum Besen greifen ließ.[7]

Die meisten Häuser in der Vorstadt waren am Ende des 15. Jahrhunderts noch aus Holz, zum Teil sogar mit Strohdächern, was die Brandgefahr erhöhte. Steinhäuser konnten sich nur reiche Leute leisten, wie sie z. B. in der „Reichen Vorstadt" lebten. Um zumindest einen gewissen Feuerschutz zu gewähren, gab es in der Esslinger Vorstadt noch 1498 sieben Feuerpfannen. Es dauerte zwar, bis die Landesverordnung umgesetzt wurde, die besagte, dass in Städten zumindest die unteren Stockwerke aus Stein gebaut werden und die Dächer Ziegel tragen sollten.[8] Durch die dichte Bebauung (1589 gab es 352 Häuser im Quartier) war die Feuergefahr natürlich besonders hoch.

Die Leonhardskirche

Über Zisterziensermönche kam im 14. Jahrhundert der St.-Leonhards-Kult wohl auch nach Stuttgart, und bereits 1339 wurde eine Leonhardskapelle gebaut,[9] die sich als Leonhardskirche mit einem Kalvarienberg im Lauf der Zeit zum Herz der Leonhards- oder Esslinger Vorstadt entwickeln sollte. Dieser Kalvarienberg war eine Stiftung der Eheleute Mager, deren Tochter, so die Überlieferung, durch eine Krankheit erblindete. Der Mutter träumte es einmal, sie stünde auf einem Berg unter dem gekreuzigten Jesu zwischen der Jungfrau Maria und Johannes, dem Lieblingsjünger Jesu. Sie flehte den sterbenden Jesus an, er möge ihrem Kind doch das Augenlicht wiedergeben. Der sterbende Heiland versprach es ihr mit den Worten: „Dein Kind wird leben und sehen!" Und so soll es auch geschehen sein.[10]

Zum Dank stifteten die Eheleute Mager diesen Kalvarienberg, der heute noch als Kopie bei der Leonhardskirche steht. Das Original steht heute in der Hospitalkirche. Die Neuerstellung dieses Kalvarienberges 1889 finanzierte übrigens die Stadt Stuttgart, nicht die Kirche.[11]

Der jung verstorbene Dichter Wilhelm Waiblinger (1804–1830) ging in seiner Kindheit oft mit gemischten Gefühlen an dieser Kreuzigungsgruppe von Hans Seyffer vorüber. Das väterliche Haus befand sich in der nahe gelegenen Katharinenstraße 33, Ecke Pfarr- und Weberstraße. In der Nähe befand sich bis 1823 noch der Lazarettfriedhof, den der junge Waiblinger als grausig empfand. Von einer Base (für Nicht-Schwaben: Cousine) hörte er, dass bei der Leonhardskirche und der Kreuzigungsgruppe ein Kapuziner umgehe, der dem Mann der Base einmal nachts eine solche Ohrfeige verpasst habe, dass der Mann zu Boden ging. Sozusagen ein schlagender Beweis! Natürlich ängstigte eine solche Geschichte den Jungen, zumal die Straßen damals nichts so hell beleuchtet waren wie heute, und er ging äußerst ungern nachts an der Kreuzigungsgruppe vorbei.[12]

Eng verbunden mit der Leonhardskirche war der große Humanist und Gelehrte Johannes Reuchlin, der 1522 starb und auf eigenen Wunsch neben seiner zweiten Frau in der Leonhardskirche begraben wurde.[13]

Reuchlin, der aus Pforzheim stammte, gehörte zu den großen Köpfen seiner Zeit und war ihr z. T. weit voraus. Seit 1482 stand er in den Diensten von Graf Eberhard im Bart, der ihn zwei Jahre später zu seinem Rat ernannte. Nach dem Tod des Regenten ging Reuchlin um 1499 ins politische Exil an den Hof des Kurfürsten Friedrich, um nach dem Tod des regierenden Herzogs Eberhard des Jüngeren nach Stuttgart zurückzukehren. Er erhielt das Amt eines herzoglichen

Rats, musste aber 1500 seine erste Frau begraben. Seine zweite Frau Anna Decker schenkte ihm 1502 ein Kind, das aber noch im Kleinkindalter starb. 1502 war auch das Jahr der Pestepidemie in Stuttgart, vor der Reuchlin mit seiner Frau ins Kloster Denkendorf floh. Er veröffentlichte zahlreiche wichtige Werke, darunter auch „Tütsch missive, warumb die Juden so lang im ellend sind".

Er war nicht nur als Jurist, Wissenschaftler und Dichter geschätzt, sondern war vor allem ein Vorreiter von Toleranz und Menschenrechten. Auf eine Anfrage, die Kaiser Maximilian aufgrund der Aktion des Konvertiten Johannes Pfefferkorn, der jüdische Bücher beschlagnahmte und vernich-

Abb.2 Johannes Reuchlin;
Holzschnitt (um 1516)

tete, an vier Universitäten und deren Gelehrte richtete, ob die Bücher der Juden verbrannt werden sollten, antwortete er als Einziger mit einem klaren Nein, es sei denn, dass die Bücher das Christentum grob schmähten.[14] Für Johannes Reuchlin waren die Juden „convices", also Mitbürger, die als Untertanen des Heiligen Römischen Reiches die gleichen Rechte haben sollten wie alle anderen Untertanen auch. Seine Haltung brachte ihm jahrelange Prozesse ein, bei denen er am Schluss zum Schweigen, also zu einem Publikations- und Redeverbot, und zur Übernahme aller Prozesskosten verurteilt wurde. Sein „Augenspiegel", eine der wichtigsten Schriften der Frühen Neuzeit, wurde ebenfalls verboten. Der „Augenspiegel", in dem es um den Erhalt der jüdischen Literatur geht, ist auch einer der Grundpfeiler und Vorläufer der Neuzeit. Aber trotz aller Anfeindungen hatte Reuchlin auch zahlreiche Anhänger, die „Reuchlinista", die sich zu ihm und vor allem zu seinen Auffassungen bekannten.

1522, einige Jahre nach dem Tod seiner zweiten Frau, starb Johannes Reuchlin in Stuttgart und wurde neben seiner Frau in der Leonhardskirche begraben. Ein Epitaph in der Kirche erinnert an den großen Gelehrten.

Ein Schützling Reuchlins, Johannes Mantel, der mit Unterbrechung bis 1523 Prediger an der Leonhardskirche war, hielt ab 1520 evangelische Predigten, was ihn 1523 als Gefangenen auf den Hohennagold brachte, bis ihn 1525 die aufgebrachten Bauern wieder befreiten.[15]

Nicht nur der Humanist Reuchlin durchlebte schwierige Zeiten, auch die Leonhardskirche selbst. Auch wenn das Innere der Leonhardskirche seit dem 30. November 1901 elektrisch erleuchtet wurde, was u. a. die Brandgefahr minderte und der Chronik der Haupt- und Residenzstadt Stuttgart immerhin eine Erwähnung in der Rubrik „Besondere Ereignisse" wert war,[16] konnten Brände dadurch nicht gänzlich verhindert werden: Am 10. Dezember 1902 kam es wegen eines defekten Kamins zu einem Brand, der Gebälk und Gestühl der westlichen Empore ergriff. Dank des raschen und beherzten Eingreifens der Berufs- und der Reservefeuerwehr konnte ein Übergreifen des Brandes auf den Dachstuhl und damit größerer Schaden verhindert werden.[17]

Versuche, die Kirche im nationalsozialistischen Sinne umzuformen, wie es Georg Schneider von den „Deutschen Christen" 1934 unternahm, wies der Kirchengemeinderat fast einstimmig zurück. Auch der Evangelische Oberkirchenrat lehnte das Anliegen Schneiders ab. Die Gemeindeversammlung bestärkte 1936 den Kirchengemeinderat mit einer stummen Protestaktion, nämlich durch Aufstehen von den Sitzen, in seiner Haltung.[18]

Am 25. Juli 1944 brannte die Leonhardskirche nach einem Luftangriff fast vollständig aus. Nach dem sie dank vieler freiwilliger Helfer vom Schutt befreit wurde, konnte am 3. Juni 1945 der erste „Ruinen-Gottesdienst" gefeiert werden.[19]

Erst fünf Jahre später war die Kirche wieder vollständig renoviert, und der erste reguläre Gottesdienst konnte endlich stattfinden. Seit Januar 1995 verwandelt sich die Leonhards-kirche regelmäßig im Januar und Februar in eine Vesperkir-che, im wahrsten Sinne des Wortes. Ein Teil der Kirchen-bänke weicht Esstischen, und nach einem Gottesdienst gibt es eine warme Mahlzeit für diejenigen, die sich sonst keine leisten können. Hinzugekommen ist auch eine kostenlose ärztliche Versorgung, denn viele der Betroffenen sind nicht mehr krankenversichert oder scheuen sich, eine elegante Arztpraxis aufzusuchen. Wichtig für die Menschen, Be-troffene wie Helfer und Helferinnen, ist aber nicht die mate-rielle Seite, sondern vor allem die gemeinsamen Gespräche, das Akzeptiert-Werden so, wie man eben ist. In der Vesper-kirche kann man „in Würde arm sein". Mittlerweile hat das Beispiel Schule gemacht, und auch außerhalb Stuttgarts sind Vesperkirchen entstanden.

Alltag in der Esslinger bzw. Leonhardsvorstadt

In dem Zeitraum, in dem die Leonhardsvorstadt entstand, hatte sich im Reichsgebiet eine technologische Revolution vollzogen. Ausgehend von der höfischen Kultur des Ritterwesens, hatte sich der Bedarf an hochwertigen Metallen (Rüstungen, Waffen) entwickelt. Aufgrund dieses steigenden Bedarfs verbesserten sich das Wissen und die Fähigkeiten der Metallverarbeitung in den entsprechenden Handwerken.

Ein „Abfallprodukt" dieser neuen „Technologien" war das Entstehen differenzierter Handwerksbereiche: z.B. kam zum klassischen Schmied der Plattner (Harnischhersteller) hinzu. Verbesserte Technologien bleiben nie auf einen Bereich begrenzt – sie führen auch zu effizienteren Werkzeugen in anderen Bereichen. So entstand eine Wirkungskette, die vereinfacht so aussieht: neue Technologien – verbesserte Werkzeuge, steigende Güterproduktion (auch in der Landwirtschaft: Ablösung des Holzpfluges), höheres Sozialprodukt, Ausdehnung des Handels. Handel und Handwerk konzentrierten sich in den Städten, sie wurden auch von der politischen Herrschaft (i. d. R. des Adels) als neue Möglichkeit der Einkommensverbesserung gefördert.

Im Gebiet des heutigen Bundeslandes Baden-Württemberg wuchs die Bevölkerung zwischen dem 11. und dem 13. Jahrhundert um das 3-Fache. Dies führte zur Gründung vieler neuer Siedlungen und einer Ausweitung und Erschließung neuer Kulturflächen. Viele Städte stießen hier an ihre Grenzen, sie mussten erweitert werden. So wurde auch in Stuttgart die erste Stadterweiterung am Ende des 14. Jahrhunderts in Angriff genommen, das heutige Bohnenviertel.

Obwohl das Quartier so alt ist, findet man hier kein Waschhaus. Dafür hatte man den Nesenbach, auch „Naisenbach", der oft auch bezeichnenderweise „Waschbach" genannt wurde. Der Nesenbach wurde ja erst nach und nach überdeckelt und floss bis dahin offen am Rand des Quartiers entlang.

Ein Phänomen, das uns auch heute oft Probleme bereitet, stellte auch früher eine Bedrohung dar, nämlich das Hochwasser. 1508 wurde die ganze Innenstadt mit solcher Wucht überschwemmt, dass Teile der Stadtmauer von den Wassermassen niedergerissen wurden. Selbst der Amboss eines Schmieds aus der Leonhardsvorstadt wurde vom Wasser davongetragen. Viele Einwohner und Einwohnerinnen, auch in der Leonhardsvorstadt, ertranken in den Fluten.[20]

1548 wurden von zwei Brunnenstuben aus eine Leitung in die Esslinger Vorstadt gelegt. Stuttgart hatte damals zwei

Wasserversorgungssysteme, ein herrschaftliches und ein städtisches.[21] Die Laufbrunnen stellten gegenüber den Schöpfbrunnen einen Fortschritt dar, denn das Quellwasser wurde in einer Brunnenstube gefasst, war also vor Verschmutzung geschützt. Durch hölzerne Röhren, sogenannte Treichel, lief es dann in die Laufbrunnen. Auch der Nachtwächterbrunnen bei der Leonhardskirche war ein Laufbrunnen.

Laut Plan von 1806 hatte die Esslinger Vorstadt nur wenige Laufbrunnen, die Wasserversorgung erfolgte über Schöpfbrunnen in Höfen und Gärten hinter den Häusern. Schöpfbrunnen waren sehr viel stärker verschmutzungsgefährdet als Laufbrunnen, da sie offen waren und so auch Schmutz in das Wasser geraten konnte. Man darf darüber hinaus nicht vergessen, dass in der Stadt auch Vieh gehalten und auf den Straßen zudem Dung gelagert wurde.

Die jüdische Bevölkerung des Bohnenviertels

Zum Bohnenviertel gehörte einst auch eine jüdische Bevölkerung, die in der ehemaligen Judengasse (heute Brennerstraße) ihre Synagoge und ein rituelles Bad, eine Mikwe, hatte. Die württembergischen Grafen Eberhard II. (der Greiner) und Ulrich IV. hatten bereits 1360 das sogenannte Judenschutzrecht von Kaiser Karl IV. übertragen bekommen. Das war weniger eine humanitäre Frage als vielmehr eine Einnahmequelle für die Grafen von Württemberg, denn die jüdische Bevölkerung musste für das Aufenthaltsrecht in Württemberg bezahlen. Die Straßenbezeichnung „Judengasse" ist seit 1350 nachgewiesen.[22]

Der reiche Leo oder Loew war 1343 der erste in Stuttgart ansässige Jude, der dem Landesherrn viel Geld für diese Erlaubnis bezahlte. Bis 1348 konnten sich weitere jüdische Personen in Stuttgart ansiedeln, die die erste Synagoge im Bereich der heutigen Münz- und Dorotheenstraße bauten. Mit dem Ausbruch der Pest 1348 und dem damit ausbrechenden Antisemitismus mussten sie Württemberg wieder verlassen, wenn auch nicht auf Dauer.

Die Synagoge und die Mikwe in der heutigen Brennerstraße 12 existierten von 1393 bis 1488, als schließlich Graf Eberhard im Bart alle Juden aus seinem Herrschaftsbereich vertreiben ließ. Danach gab es erst ab ca. 1710 sogenannte Hofjuden in Stuttgart, unter ihnen der unglückliche Süß Oppenheimer. Eine neue jüdische Gemeinde konnte sich erst 1832 wieder gründen, lebte aber nicht mehr im Bohnenviertel. Der Name Judengasse blieb bis 1898 erhalten, bis die Anwohner um eine Umbenennung baten. Viele Jahre später hatte die orthodoxe „Israelitische Religionsgesellschaft", die ursprünglich (1880) ihren Betsaal in der Urbanstraße 6, dann in der Alexanderstraße 52 besaß, ihren Betsaal schließlich bis 1934 im Erdgeschoss des Hinterhauses der Rosenstraße 37.[23]

Ein jüdischer Friedhof ist im Bohnenviertel übrigens nicht nachgewiesen, auch auf dem ehemaligen Lazarettfriedhof fanden keine jüdischen Bestattungen statt. Die Toten wurden in die Freie Reichsstadt Esslingen überführt und erst ab dem Jahr 1834 auf dem jüdischen Teil des Hoppenlau-Friedhofs beerdigt.[24]

Eine Hexe im Quartier

Wie nahezu überall kam es in der Frühen Neuzeit auch in Stuttgart immer wieder zu Hexenprozessen. Im Vergleich zu anderen Gegenden war man hier allerdings gemäßigter, sodass es nie zu den großen Hexenverfolgungen kam. Die unsichere wirtschaftliche Lage und die mangelhafte Kenntnis über die Ursachen von Teuerung und Hungersnot förderte den Glauben an Hexen, gerade in Notzeiten: Missernten und damit verbunden Hungersnöte sowie Krankheiten begünstigten den Aberglauben.

Im protestantischen Herzogtum Württemberg gab es – anders als in den katholischen Territorialstaaten – keine zentrale Verfolgungsinstanz für dererlei Vorwürfe. Lokale Anschuldigungen wegen Hexerei wurden zwar vor Ort dokumentiert, aber zur weiteren Klärung und Verfolgung an übergeordnete staatliche Instanzen, in der Regel an herzogliche Juristen übergeben. Diese Juristen entschieden nach Aktenlage, ob ein Verfahren überhaupt eröffnet wurde. Eine Verurteilung fand nur statt, wenn ein Beweis für das Vergehen vorlag. Die Beschuldigten hatten außerdem Anspruch auf einen Rechtsbeistand.

Trotzdem kam es auch in Stuttgart immer wieder zu Anklagen oder besser Denunziationen wegen Hexerei. Heute wissen wir, dass meist Streitereien unter Nachbarn den Ausgangspunkt für die gefährlichen Anschwärzungen bildeten. So war es auch in Stuttgart, wobei die Behörden häufig die Denunziationen als solche erkannten und gar keinen Prozess, der übrigens nach festgelegten juristischen Regeln ablief, eröffneten.

Wenn es zu einem Prozess kam, wurde die Todesstrafe in Württemberg und auch in Stuttgart deutlich seltener verhängt als anderswo. Es ist auch kein Fall bekannt, dass gegen Kinder die Todesstrafe in einem Hexenprozess in Württemberg verhängt worden wäre, wie dies an anderen Orten der Fall war.[25]

1644 wurde in der Esslinger Vorstadt die Hebamme Martha, des Glasers Endriß Clausers Wittib (Witwe) der Hexerei bezichtigt. Sie wohnte damals in der Esslinger Straße. Hebammen gab es in der Esslinger Vorstadt schon seit 1350. 1498 gab es dort sogar zwei, in der alten Kernstadt jedoch bereits acht.[26] Der soziale Status der Hebammen war unterschiedlich, manche Hebammen konnten sich sogar Gehilfinnen leisten.

Wie viele der Hexerei angeklagten Frauen war auch Martha alleinstehend, hatte also niemanden, der ihr den Rücken stärken konnte, und war wohl auch nicht wohlhabend. Der Beruf der Hebamme brachte häufig Anfeindungen mit sich: Durch die damals mangelhafte Hygiene starben öfter als heute Mutter oder Kind bei der Geburt, auch wenn die Hebammen im Allgemeinen ihr Handwerk verstanden. Viele Kinder starben sehr jung, was immer wieder Anlass zu Gerüchten gab. Oft reichte ein strenger Blick, um eine Hebamme in Verruf zu bringen. Auch wenn die Obrigkeit solchen Gerüchten in Württemberg kaum Gehör schenkte, die einfachen Leute glaubten fest daran.

Im Fall der Hebamme Martha wurde von den Behörden unter Leitung des Leonberger Vogts Samuel Schmid im Oktober 1644 ein Verfahren eröffnet und eine ganze Reihe Zeugen gehört, darunter viele Mägde und Gehilfen von Handwerkern, also einfache Leute. Neben den namentlich genannten Zeugen heißt es auch lapidar „samt der gesamten Nachbarschaft". Man war sich also einig, dass die Hebamme Martha aus der Esslinger Straße eine Hexe wäre. Martha muss auch das Pech gehabt haben von der äußeren Erscheinung her aufzufallen: Sie trug nämlich den Beinamen „die lange Hebamme". Abweichungen von der Norm konnten damals noch stärker als heute zu Anfeindungen und Ausgrenzung führen.

Nach den schwer entzifferbaren Akten wurde die Hebamme Martha wohl der Kindstötung verdächtigt, ein Vorwurf, dem Hebammen damals leicht ausgesetzt waren. Catharina, eine Zeugin, sagte aus, dass sie am Pfingstmontag ihr Kind noch

„richtig empfunden" habe, dann aber nicht mehr. Für Catharina stand fest, dass Martha das Kind verhext hatte.

Die bedauernswerte Hebamme wurde wohl auch einem verschärften Verhör unterzogen, d. h. sie wurde gefoltert und gab schließlich den Verkehr mit dem „baisen Geist", eine alte Bezeichnung für „Teufel", zu. Fast alle Frauen gestanden unter der Folter nahezu alles, was man von ihnen hören wollte, so unsinnig es auch sein mochte, oder legten kurz vor Beginn der angedrohten Folter ein „Geständnis" ab, um eben der angedrohten Folter zu entgehen.

Leider ist unklar, welches Urteil gesprochen wurde. Da in Stuttgart aber kaum Hexen zum Tode verurteilt wurden, ist zu hoffen, dass sie den Prozess überlebt hat. In diesem Fall konnte ihr Kerkerhaft oder Ausweisung drohen. „Ausweisung" hört sich harmlos an, war es für die Betroffenen aber nicht, wenn auch im Vergleich zur Todesstrafe die humanere Lösung. Ausgewiesene gehörten zu den Herumziehenden und konnten nirgends mehr sesshaft werden und einem Gewerbe nachgehen. Letztlich waren sie aller Rechte beraubt. Möglich ist allerdings auch, dass die Hebamme Martha aus der Esslinger Straße doch noch freigesprochen wurde. In Stuttgart kam dies durchaus vor. Hoffen wir es im Nachhinein für sie![27]

Schillers Flucht aus Stuttgart

In der Nacht vom 22. auf den 23. September 1782 floh der junge Friedrich Schiller durch das „Äußere Esslinger Tor" vor seinem Landesherrn Herzog Karl Eugen nach Mannheim. Das „Äußere Esslinger Tor" war zu diesem Zeitpunkt eine barocke Tor- und Zollanlage, die das ursprüngliche, schlichtere Tor ersetzte und 1811 bereits wieder abgerissen wurde. Die Steine des „Äußeren Esslinger Tors" wurden für den Bau des „Königstors" am unteren Ende der Königstraße genutzt. Anstelle des Esslinger Tors entstand der heutige Charlottenplatz.

Die Flucht Schillers war von langer Hand geplant und gut durchdacht. Schiller hatte sich bereits im Mai 1782 ohne Erlaubnis des Herzogs in Mannheim aufgehalten, was ihm 14 Tage Arrest einbrachte. Als der Herzog im August desselben Jahres Friedrich Schiller jede nichtmedizinische Schriftstellerei (Schiller war ja Regimentsarzt) verbot, brachte dies das Fass zum Überlaufen, und die Flucht aus Stuttgart, weg vom herzoglichen Hof, war eine beschlossene Sache. Außerdem hatte der Herzog Schiller unter Druck gesetzt, da Schiller eine medizinische Dissertation vorlegen sollte, damit ihm der Herzog einen Doktortitel verleihen konnte. Diese Dissertation sollte Schiller im Oktober 1782 abgeben. Schiller schrieb aber lieber am „Fiesko zu Genua".

Schiller plante und unternahm die Flucht, die ja in Wirklichkeit als unerlaubtes Entfernen von der Truppe eine Desertation war, nicht alleine, sondern mit seinem Freund und Vertrauten Andreas Streicher, der auch die konkreten Vorbereitungen übernahm, d. h. Pferd und Wagen besorgte. Der Weg durch das Äußere Esslinger Tor wurde gewählt, weil es das dunkelste der Stadttore war und außerdem ein Freund Schillers, der spätere General Georg Friedrich Scharffenstein an diesem Abend die Aufsicht über die Torwache hatte. Das Reisegepäck der Freunde bestand aus zwei Koffern und einem kleinen Klavier sowie einer Barschaft aus 23 Gulden (Schiller) und 28 Gulden (Streicher).

Mit der Flucht gab Schiller seine materielle Sicherheit auf: Als junger Regimentsarzt erhielt er immerhin 180 Gulden Jahresgehalt, was heute etwa 18 000 EUR entsprechen würde.[28] Allerdings entzog er sich auch seinen Schulden, die sich auf stattliche 600 Gulden (runde 60 000 EUR) beliefen und ihren Ursprung nicht zuletzt in den zahlreichen durchzechten Nächten im „Gasthof zum Ochsen" in der heutigen Hauptstätter Straße hatten.[29]

Wie ja bekannt ist, konnten die beiden Freunde das Esslinger Tor unter Angabe falscher Namen passieren. Streicher

nannte sich Dr. Wolff und gab als Reiseziel das unverdäch-
tige Esslingen an. Aus Schiller wurde Dr. Ritter. Er war damals 23 Jahre alt und am Beginn seiner Karriere.

Über den Beginn der Flucht schrieb Streicher später:

> „Als sie außer dem Tore waren, glaubten sie, einer gro-
> ßen Gefahr entronnen zu sein, und gleichsam als ob sie
> wiederkehren könnte, wurden, solange als sie die Stadt
> umfahren mußten, um die Straße nach Ludwigsburg
> zu gewinnen, nur wenige Worte unter ihnen gewech-
> selt. Wie aber einmal die erste Anhöhe hinter ihnen
> lag, kehrten Ruhe und Unbefangenheit zurück, das Ge-
> spräch wurde lebhafter, und bezog sich nicht allein auf
> die jüngste Vergangenheit, sondern auch auf die bevor-
> stehenden Erlebnisse.“[30]

Seifensieder im Bohnenviertel

Aber nicht nur verzweifelte Literaten lebten im Bohnenviertel, sondern natürlich auch Handwerker. Die älteste noch heute existierende Firma im Bohnenviertel ist der Seifen-Lenz, auch wenn der Betrieb heute nicht mehr in Familienbesitz ist. Er wurde am 2. Juli 1785 gegründet und besteht bis heute. Um als Seifensieder im 18. Jahrhundert wirken zu können, musste man Mitglied der Seifensieder-Zunft sein und ihren Ansprüchen genügen. Dies war damals eine Art Qualitätssicherung.

Unter Seife darf man sich nun weniger Feinseifen vorstellen, das war etwas für die Leute in der „Reichen Vorstadt", sondern früher war vor allem der Bedarf an einer Gebrauchsseife, einem universellen Reinigungsmittel groß, das sich für alles gut eignete: also zum Reinigen, Putzen und zum Sich-Waschen.

Für die Seifenherstellung wurde Talg mit Ätznatron verkocht. Die so hergestellte Seife wurde im Block getrocknet und danach in Scheiben, diese wiederum in Riegel und dann in Stücke geschnitten, die nach Gewicht verkauft wurden. Verseifte man den Talg mit Kalilauge, erhielt man die flüssigere Schmierseife, die sich allerdings nicht so gut bevorraten ließ wie die härteren Seifenstücke.[31] Manche Hausfrau lagerte bis in die 1950er-Jahre in ihrer Vorratskammer mehrere Stücke Seife, da gut abgelagerte Seife schaumiger und ergiebiger war.

Talg, vor allem Rindertalg war auch die Grundsubstanz für die Kerzenherstellung, weshalb Seifensieder oft auch Kerzen herstellten. Dies galt insbesondere für den Winter, wo weniger Seife verkauft wurde. Die Arbeit in der Landwirtschaft ruhte, man wurde dadurch weniger schmutzig, und wer wäscht sich schon gerne in der Kälte?

Kerzen waren ein sinnvolles Zweitprodukt der Seifensieder, da in der dunklen Jahreszeit der Bedarf an künstlichem Licht stieg und das Ausgangsprodukt für Kerzen ja ebenfalls Talg war. Dabei dienten sie schlicht zur Beleuchtung, nicht als Zierkerzen. Letztere waren etwas für die Kirche und die reichen Leute.

Noch 1883 gab es in Stuttgart mindestens vier Seifensiedereien, die teilweise noch in der zweiten Hälfte des 20. Jahrhunderts existierten (Seifen-Haag, ehemals in der Kanzleistraße). Außer der Firma Seifen-Lenz gab es in der Esslinger Vorstadt noch die Firma Wagner am Leonhardsplatz, dem alten Marktplatz.

Aber die Seifensieder verkauften im Winter bis in die Osterzeit hinein noch etwas ganz anderes, nämlich Stockfisch. Bevor man ihn zubereiten konnte, musste er ca. zwei Wochen unter Zusatz von Lauge gewässert werden. Wer einmal selbst Stockfisch zubereitet hat, weiß, wie das riecht. Heute ist der Stockfisch, der so heißt, weil er wirklich so hart wie ein Stock ist, bei uns kaum noch auf dem Speiseplan, vermutlich wegen des Geruchs beim Wässern. In südlichen Ländern jedoch lässt man sich davon nicht abschrecken und genießt noch heute „Baccalà" als Delikatesse. Auch vor dem Haus des Seifensieders Lenz in der Esslinger Straße 29 stand vor Ostern ein Fass mit Stockfischen vor der Türe.[32]

Die Händler in der Esslinger Vorstadt hatten den kleinen Wettbewerbsvorteil, dass der Marktplatz an der Leonhardskirche ganz nah war. Es gab also keine langen Transportwege oder Ähnliches.

Mit dem Aufkommen von Gasbeleuchtung und später der Elektrifizierung nahm der Bedarf an Gebrauchskerzen ab, und gleichzeitig nahm die Produktion von Feinseifen zu. Deren Herstellung war etwas aufwendiger: Die bereits getrocknete Seife wurde gemahlen (pilliert), häufig sogar mehrfach, und mit Duft- und Farbstoffen versetzt. Schließlich wurde die Masse in Form gepresst, u. U. mit Modeln auch Muster in die Seife gedrückt. Anschließend wurde sie getrocknet. Je länger man die Feinseife trocknete, umso feiner wurde sie und vor allem umso härter. Und je härter eine Seife ist, umso langsamer verbraucht sie sich. Die Firma Roger & Gallet trocknete ihre Seifen früher rund sechs Monate. Erst danach wurden sie verkauft.

Die Seifensiederei Lenz schaffte den Wandel von der handwerklichen Produktion über die aufstrebenden Gründerzeitjahre ins 20. Jahrhundert. Bis zum Tod von Wilhelm Friedrich Lenz 1928 wurde die Firma von männlichen Familienmitgliedern geführt, dann übernahm die Ehefrau Berta Lenz, geborene Häcker, die Firma. Der Name Lenz blieb aber als Firmenname bis heute erhalten, auch wenn die Firma zwischenzeitlich an die befreundete Familie Rittberger übergeben wurde. Heinz Rittberger, gelernter Drogist, trat 1957 in die Firma Seifen-Lenz ein und blieb ihr treu. Als sich die erbenlose Firmeninhaberin zurückziehen wollte, kauften die Rittbergers 1969 die Firma Lenz. Es wurden

Abb. 3 Seifen Lenz, der heutige Laden in der Esslinger Straße

spannende Jahre, da lange Zeit das Damokles-Schwert eines
drohenden Abbruchs über dem Bohnenviertel schwebte,
weil dort das Technische Rathaus der Stadt Stuttgart ange-
siedelt werden sollte. Aber es wurde rechtzeitig vorgesorgt:
1970 übernahmen Rittbergers die Weißenburg-Drogerie, um
eine Ausweichmöglichkeit zu haben, falls es zur Kündigung
durch die Stadt im Bohnenviertel kommen sollte. Das ursprüngliche Firmengebäude (es stand auf der Seite des heutigen Breuninger-Parkhauses) wurde bereits 1962 abgerissen. Das Plattmachen des Bohnenviertels, das viele in den
1970er-Jahren gerne gesehen hätten, konnte dank einer
Bürgerinitiative, die viele Sympathien gewann, verhindert
werden. Die Firma Lenz konnte 1975 in der Esslinger Straße
das heutige Ladengeschäft beziehen. Die Zeiten hatten sich
jedoch geändert: Inzwischen gab es große Drogeriemärkte
(Ironie der Geschichte: Schlecker gibt es nun nicht mehr,
Seifen-Lenz hingegen schon), die scheinbar viel mehr anbieten konnten und dazu noch viel billiger. Durch die Rück-
besinnung auf Bewährtes und eine Sortimentsbereinigung,
verbunden mit einer Spezifizierung, überlebte aber die Firma
Seifen-Lenz bis heute. So wurde auch der Weihrauch aufge-
nommen, der zunächst eigentlich für die Räuchermännlein
aus dem Erzgebirge in der Adventszeit gedacht war, dann
aber zum Ganzjahres-Artikel mutierte.

Heinz Rittberger brachte sich selbst auch das Kerzenziehen
bei – vor allem das Verzieren der Kerzen. Tauf-, Hochzeits-,
Konfirmationskerzen und viele andere Arten findet man bei
ihm. Sie dienen natürlich nicht mehr – wie in vergangenen

Zeiten – der Beleuchtung, sondern stellen ein Stück Erinnerung an das betreffende Ereignis dar, das man am entsprechenden Jahrestag anzünden kann. Nirgends findet man heute eine reichhaltigere Auswahl unterschiedlichster Kerzen, und man kann sich sogar nach seinen eigenen Vorstellungen eine Kerze anfertigen lassen, z. B. eine Hochzeitskerze.

Noch etwas Besonderes findet man heute beim „Seifen-Lenz": offenen Weihrauch unterschiedlicher Herkunft. Im Bohnenviertel selbst ist der Seifen-Lenz eine Selbstverständlichkeit, die eigentlich nicht besonders beachtet wird. Seine Kunden kommen auch eher von außerhalb: Sie schätzen den Laden, in dem man nichts von Mainstream hält, sondern Bewährtes bewahrt, ohne antiquiert zu sein. Außerdem: Wo wird man heute noch umfassend beraten? Hier kann der Kunde noch etwas über „seine" Seife erfahren und, wenn es ihn interessiert, kann er sich auch eine Tafel zur Seifenherstellung anschauen und erklären lassen. Übrigens ist der Laden trotz der Innenstadtlage noch über Mittag geschlossen, und das funktioniert!

Darin liegt eine der Stärken des Bohnenviertels: Obwohl es in Bezug auf die ansässigen Geschäfte auch viel Fluktuation gibt, existieren ebenso viele alteingesessene Betriebe: Wandel und Kontinuität vereinen sich zu etwas Ganzem.

Der Leonshardsplatz als Marktplatz

Wo sich heute eine Bushaltestelle mit Fußgängerüberweg befindet, und ein etwas leerer Platz gähnt, befand sich im 18. Jahrhundert ein Marktplatz. Genau genommen waren es mehrere Märkte, denn der Marktinhalt wechselte. So war der St. Leonhardsplatz 1715 Holz- und Krautmarkt, 1746 jedoch Rüben-, Kübel- und Holzmarkt. Direkt bei der Kirche gab es 1764 noch den Heumarkt und den neuen Hafenmarkt (Hafen = schwäbisch Gefäß). 1791 durften sehr zum Ärger der Einheimischen auswärtige Fischer ihre Fische dort aufbewahren, bis sie verkauft werden konnten. Vermutlich betraf dies vor allem Stockfische. Ein Markt hatte eine wichtige Funktion: Er versorgte nicht nur die Bevölkerung mit den notwendigen Dingen des Lebens, sondern war für die Stadt auch eine Einnahmequelle, da die Händler für die Marktstände – wie heute auch – eine Gebühr bezahlen mussten. Sie war zwar mit maximal einem Kreuzer nicht hoch, aber es summierte sich eben doch. Auch für das Handeltreiben überhaupt benötigte man eine behördliche Genehmigung, wodurch die Behörden einen Überblick über die Handelstä-

Abb. 4 Leonhardsplatz mit Kirche (Biedermeier)

tigkeit behielten. Oft versuchten gerade ärmere Leute, sich durch ein bisschen Warenverkauf ein Zubrot zu verdienen. Allerdings nutzten nicht alle die Möglichkeit von Märkten, sondern manche wichen auch auf Wirtshäuser und Privatwohnungen aus. Das kostete keine Gebühr und konnte ohne Einwilligung der Behörden geschehen, auch wenn diese das nicht gerne sahen.

Als die einzelnen Märkte in der Stadt immer größer wurden, d. h. die Buden wurden zahlreicher und standen dichter, erhöhte sich natürlich dadurch auch die Brandgefahr, was die Behörden zum Eingreifen veranlasste. Der große Platz neben der Leonhardskirche wurde zu Beginn des 19. Jahrhunderts ebenso für auswärtige Händler und Händler anderer Professionen freigegeben: Nun boten auch Nadler, Dreher,

Bürstenmacher, Buchbinder, Strumpfweber, Zinngießer und viele andere Handwerker ihre Produkte an. Die Behörden achteten wegen der Brandgefahr darauf, dass zwischen den einzelnen Ständen ausreichend Platz blieb. Strikt verboten war das Hausieren, was vor allem bei der ärmeren Bevölkerung eine beliebte Einnahmequelle war. Das heißt aber nicht, dass dieses Verbot unbedingt eingehalten wurde.

Wer übrigens glaubt, heute würde von behördlicher Seite zu viel reguliert und früher sei alles besser gewesen, der schaue sich einmal die „Wirt- und Gastgeberordnung" von 1736 an. Sie enthält genaue Preisangaben für Unterkunft, Speisen und Getränke, Stallmiete und Schlafgeld. Eine Erbsensuppe wurde mit 3 Kreuzern pro Person berechnet, ein Pfund gebackener Aal mit einer halben Zitrone(!) wurde mit 24 Kreuzern, eine Wildente mit 40 Kreuzern veranschlagt.[33]

Nur die Ausbildung der Wirte war nicht geregelt, sodass sich unter den Wirten auch Chirurgen und Kaufleute befanden. Zu den bekanntesten Wirtschaften zählte am Leonhardsplatz die „Goldene Krone", die bereits 1594 erwähnt wurde. Neben den eigentlichen Gasthöfen, den Schildwirtschaften, gab es auch Gassenwirte, die das Recht hatten, Wein auszuschenken, aber eigentlich keine Gäste beherbergen durften, was nicht immer eingehalten wurde. Grundsätzlich durften alle Bürger selbst erzeugten Wein ausschenken,[34] was gerade im heutigen Bohnenviertel eine zusätzliche und willkommene Einnahmequelle darstellte.

Ein großes Problem im 18. Jahrhundert stellten die Bettler dar, die sich heimlich durch Lücken in der Stadtmauer einschlichen und vor allem auf Märkten ihr Glück versuchten, manchmal auch mit Diebstählen. Deshalb wurde 1734 auch untersagt, ohne behördliche Genehmigung Fremde zu beherbergen.[35] Damit bekam man jedoch das Bettelunwesen nicht in Griff, und es wurden härtere Maßnahmen gegen die Bettler eingesetzt, vor allem weil die Bürger sich massiv beklagten. So wurde 1739 den Haus-, Garten- und Grundeigentümern gestattet, Fremde des Nachts von ihrem Grundstück zu verjagen, notfalls auch, unter Straffreiheit, zu töten.[36]

Das soziale Elend zeigte sich auch an der hohen Zahl ausgesetzter Kinder. Im März 1750 wurde ein etwa einjähriges Kind beim Esslinger Tor gefunden, dessen Eltern trotz behördlicher Bemühungen nicht gefunden werden konnten. Dieses Kind war kein Einzelfall. Meist lag beim ausgesetzten Kind ein Zettel, mit der Bitte, es aufzunehmen und einem Hinweis darauf, ob das Kind getauft war oder nicht.

Als Württembergs Könige regierten

Während der Regentschaft von König Wilhelm I. von Württemberg (1816–1864) entwickelte sich die Stadt langsam hin zur Industriestadt. Der Weinbau, einst wichtigste Einkommensquelle der Stadt, verlor immer mehr an Bedeutung. Auch im Bohnenviertel führte dies zu einem Wandel, der viel Armut mit sich brachte und bereits bestehende Armut verstärkte, da die traditionelle Einnahmequelle versiegte.

Der Markt am Leonhardsplatz hatte dennoch Bestand und erfreute auch die Kinder, gab es doch am Rande des Leonhardsplatzes einen Spezereiladen, in dem Kinder immer auch einen Schokoladenkeks bekamen.[37] Auch der „Krempelesmarkt" befand sich noch bis 1910 dort (zwischen der Pfarr- und Lazarettstraße, wo sich heute das Züblin-Parkhaus befindet). Dort gab es sozusagen alles, eben „Krempel", der übrigens fast ausschließlich von Frauen verkauft wurde.[38]

Auch die sogenannten „Vorkäufler" oder Althändler sind heute verschwunden. Sie gehörten bis ins beginnende 20. Jahr-

Abb. 5 Figur eines Zechers
in der Brennerstraße

hundert zum Bohnenviertel und verkauften abgelegte Kleidung, alte Uniformen, einfachen Schmuck und Ähnliches.
Es waren keine Antiquitätenhändler, wie man sie heute im
Bohnenviertel finden kann, in ansprechenden Läden, sondern billigste Secondhand-Händler, deren Wirkungsstätten
oft Wohnung und Laden in einem waren und in den meisten
Fällen auch etwas muffig rochen.[39]

Naturkatastrophen richteten im 19. Jahrhundert manches
Unheil an. Da der Nesenbach noch nicht überdeckelt war,
trat bei starken Regenfällen rasch Hochwasser auf. So auch
im Herbst 1824, als es nach einigen schönen Herbsttagen
Ende Oktober zu tagelangem Starkregen kam. Neckar und

Nesenbach traten über die Ufer, rissen Mauern ein und schwemmten viel Dreck mit sich. Zwar traf es die Kernstadt nicht so stark wie Cannstatt, aber es reichte! Die Betroffenen erhielten eine materielle Unterstützung, aber die Behörden gaben auch Ratschläge, wie man die feuchten Gebäudeteile behandeln sollte: z.B. die Fenster öffnen, den Boden mit Sand bestreuen, damit der Sand die Feuchtigkeit aufsauge, und die Stuben heizen.[40]

Dass neue Technologien ihre Tücken haben können, zeigte sich auch im Bohnenviertel: Am 19. Februar 1869, einem Sonntag, flog das Haus des Flaschnermeisters Diez in der Esslinger Straße 8 in die Luft. Bereits seit 1845 wurde für die Beleuchtung der Stadt Leuchtgas eingesetzt. In dem Flaschnerhaus hatte man Gasgeruch bemerkt und versucht, mit offenem Licht der Ursache auf die Spur zu kommen, was in einer Katastrophe endete: Wohnungs- und Schaufensterscheiben zersprangen, und auch die Fenster der Leonhardskirche nahmen Schaden. Die Ehefrau und ein 13-jähriger Sohn starben an den Brandwunden, ein sechsjähriges Mädchen und ein zufällig vorübergehender Mann wurden auf der Straße von herumfliegenden Trümmern erschlagen. Die Behörden reagierten mit dem „Gesetz zur Regulierung von Explosionsschäden" auf das Unglück.[41]

Auch wenn der technische Wandel in vollem Gange war, Eisenbahnen, Autos und elektrische Straßenbahnen seit September 1895 fuhren und die Industrialisierung der Stadt voranschritt, waren Naturkatastrophen, Krankheitswellen und

Armut immer noch ein großes Problem. Im August und September 1898 gab es zahlreiche besorgniserregende Typhuserkrankungen, die aber glücklicherweise nur sechs Tote forderten, und am Ende des Jahres eine Influenzawelle mit 24 Todesopfern. Eine einheitliche Ursache für die Typhuserkrankungen konnte nicht festgestellt werden, aber man versuchte einer Verbreitung durch das Desinfizieren der Toiletten vorzubeugen, zumindest in „geeigneten Fällen".[42] Dies betraf natürlich auch das Bohnenviertel, wo die Bebauung besonders dicht war und daher auch die Gefahr einer Übertragung der Krankheit größer war als in locker bebauten Vierteln.

Am 1. November 1886 wurde die Jakobsschule[43] eingeweiht, die Richard Zanker „Die Schule des Bohnenviertels" nannte. Dass die Kinder des Bohnenviertels nun eine nahe gelegene Schule hatten, bedeutete eine Aufwertung des Viertels und zeigt zugleich die wachsende Bedeutung einer guten Schulbildung. Allgemein wird immer angenommen, dass die Schulklassen damals viel größer waren als heute, aber das stimmt nur bedingt: Für 1901 nennt die Chronik für die Jakobsschule und die Römerschule im nahe gelegenen Heusteigviertel für die Klassen VI a und II b 34 Kinder bzw. Mädchen. Auch damals gab es bereits das Problem, dass die Volksschulen unterfrequentiert waren, und die Bürger- oder Mittelschulen zu viele Anmeldungen zu verzeichnen hatten. Da die Volksschule kostenlos war, hatte sie den Geruch einer Armenschule, und da wollte natürlich niemand sein Kind hinschicken.[44]

Auch um die Hygiene an der Schule kümmerte sich die Stadt: Für die Jungen wurden Ölpissoirs eingerichtet, und die Toilettenanlagen wurden in den Sommerferien mit Desinfektionsöl behandelt. Bei den Ölpissoirs wurde ein antibakterielles Öl eingesetzt, dem man auch noch einen Duftstoff zusetzen konnte, z. B. Zitronenduft wie bei den legendären Wiener Ölpissoirs. Außerdem wurde die Heizungsanlage verbessert.[45]

Heute zählt die Jakobsschule wegen ihres hohen Anteils an Migrantenkindern zu den Stuttgarter Problemschulen. Vereinzelt ziehen Familien heute aus dem Quartier weg, damit ihre Kinder nicht die Jakobsschule besuchen müssen. Vielleicht wäre es besser, sich für mehr Schul- und Straßensozialarbeiter bzw. Sozialarbeiterinnen einzusetzen, statt individuelle Lösungen zu suchen.

Außer der Jakobsschule gab es noch die Günther'sche Sonntagsschule, die in der alten Katharinenpflege untergebracht war. Sie wurde nach ihrem Gründer Professor Karl Günther benannt. Günther war viel in der Welt herumgekommen und brachte es bis zum Erzieher des Prinzen Wilhelm, der später der letzte württembergische König wurde. Die Sonntagsschule diente nicht der Vermittlung klassischen Schulwissens, sondern dem Erwerb sittlicher Reife. Zunächst fand ein gemeinsamer Gottesdienst statt, danach, und dies war das Besondere der Günther'schen Sonntagsschule, wurden die Jugendlichen in Gruppen aufgeteilt. Jede Gruppe erhielt ihre eigene Betreuungskraft. Gemeinsam wurde in dieser

Gruppe ein biblisches Thema besprochen. In der Woche vor Weihnachten marschierten alle zusammen in einem aufsehenerregenden Zug durch die Brunnenstraße (heute Pfarrstraße) zu einer Feier in die Stiftskirche.[46]

Auf Wunsch der Anwohner und Anwohnerinnen wurde übrigens die Judenstraße 1894 in Brennerstraße umbenannt. Die Bewohner der Straße empfanden den ursprünglichen Namen als diskriminierend und forderten daher eine Umbenennung, zumal es damals schon längst keine jüdische Bevölkerung in dieser Straße mehr gab.

1894 versuchte in der Weberstraße auch ein Falschmünzer sein Glück. Er wurde jedoch entdeckt, bestraft und danach seine Gerätschaften in einem nichtöffentlichen Kriminalmuseum ausgestellt.[47]

Für diejenigen im Bohnenviertel, die direkt oder indirekt vom Weinbau lebten, wurden die Zeiten immer schwieriger. Zu der wachsenden Vorliebe für Bier, was auf Kosten des Weingenusses ging, kamen Missernten, die dazu führten, dass die Stadt auf Anregung des Gemeinderats eine öffentliche Sammlung zugunsten der geplagten Weingärtner durchführte. Immerhin kamen 3779 Mark zusammen, die nach Bedarf verteilt wurden. „37 Bittsteller aus Stuttgart und Heslach (erhielten) je 25 Mark."[48] Man darf annehmen, dass auch Anträge auf Unterstützung aus dem Bohnenviertel dabei waren.

Ein anderes Problem, das natürlich die ganze Stadt betraf, war die hohe Kindersterblichkeit: Von 1000 Kleinkindern starben im Jahr 1900 immerhin 288 Kinder, also über 25 Prozent – und dies hauptsächlich in den Sommermonaten.[49] Für die Stadt war dies ein Grund, die Kinderpflege zu intensivieren und auch Fragen der Hygiene stärker zu beachten, da man hier durchaus einen Zusammenhang erkannte. Das galt vor allem für die sozial schwächeren Viertel, zu denen ja auch das Bohnenviertel gehörte. So heißt es in der Chronik für das Jahr 1900 über die Wohnverhältnisse in der Altstadt:

„In der Altstadt lassen die Wohnungen vielfach sehr viel zu wünschen übrig, hauptsächlich in Bezug auf Licht, Luft und Abtrittsverhältnisse; die häufig wahrnehmbare dichte Belegung ist gegen früher wohl etwas gemindert infolge der günstigen Erwerbsverhältnisse und der bisherigen polizeilichen Einwirkung, doch bedarf dieser Punkt der fortgesetzten Überwachung. Zu begrüßen wäre es, wenn durch Erleichterung der Bauvorschriften, namentlich bezüglich der Stärke der Gebäude-Seitenmauern, welche nach den jetzigen Bestimmungen bei den häufig sehr schmalen Fronten einen unverhältnismäßig großen Teil der Grundfläche beanspruchen, der Erneuerung der häufig an Baufälligkeit grenzenden alten Gebäude einigermaßen Vorschub geleistet würde. Durch eine derartige Erleichterung würde weder die Solidität noch die Feuersicherheit beeinträchtigt."[50]

Auch in den Folgejahren beschäftigte sich die Stadtverwaltung immer wieder mit Fragen der Wohnungshygiene. So wurden Souterrainwohnungen überwacht, um die Lungentuberkulose einzudämmen. Das Desinfektionswesen übernahmen sechs Feuerwehrleute, die in ihrer dienstfreien Zeit mit – wie es hieß – „der Vornahme der Desinfektionen" beschäftigt wurden.[51]

Der Leonhardsplatz war auch noch um die Jahrhundertwende ein Zentrum des Quartiers und noch immer Marktplatz. Zwar wurden dort keine getrockneten Fische und Häfen (Keramiken) mehr verkauft, dafür aber Kartoffeln, und zwar en gros. 1899 waren das 35 000 Zentner Kartoffeln, ein Jahr später etwas weniger, nämlich 30 000 Zentner. Preis pro Zentner auf dem Großmarkt: zwischen 3 Mark bis 4,50 Mark.[52] Am Charlottenplatz wurde 1901 noch ein Filderkrautmarkt abgehalten, wo im Zeitraum von August bis Dezember 1901 immerhin 72 000 Stück umgeschlagen wurden. Für 100 Köpfe bezahlte man im August zwischen 24 und 29 Mark, im Dezember nur noch 12 bis 16 Mark.[53]

Aufgewertet wurde der Leonhardsplatz 1900 durch die Aufstellung des neuen Wächterbrunnens, der statt des alten, mittlerweile unschönen Fischbrunnens den Platz an der Esslinger Straße zierte. Der alte Brunnen war außerdem ein Hindernis für die Straßenbahn, die inzwischen dort vorbeifuhr. Der Bildhauer Adolf Fremd erhielt deshalb den Auftrag, den neuen Brunnen zu gestalten, und zwar dem Charakter des Viertels entsprechend in deutscher Renaissance.[54]

Mit dem Ergebnis war man sehr zufrieden:

Abb. 6 Der Nachtwächter-
brunnen um 1900

„Zwischen zwei Brunnenschalen erhebt sich ein würfelförmiger Sockel, auf dem ein Nereidenpaar sitzt, das zugleich als Wappenhalter für das am Sockel angebrachte Stadt- und Landeswappen, unter denen sich Früchtegehänge hinziehen, dient. Auf diesem Aufbau steht eine gewundene Säule, bekrönt von einem Kapitäl, dessen Ecken mit Eulen und Fledermäusen stilisiert sind. Den Abschluss bildet die trefflich modellierte Figur des Nachtwächters mit Handlaterne, Hellebarde und Horn, der eben im Begriff ist, die Stunde anzurufen. Als Begleiter führt er einen Hund an der Kette mit sich. Seine Laterne ist für elektrisches Licht eingerichtet. Vor dem Brunnen ist eine Ruhebank angebracht, auf der Rückseite befindet sich eine von einem schmied-

57

eisernen Geländer umgebene Wasserschale, die das Ab-
wasser aufnimmt und als Trinkschale für Hunde dient.
Ein Delphin ist hier als Wasserspeier angebracht, wäh-
rend oben das eigentliche Brunnenwasser aus Wasser-
röhren fließt, die in den Rachen zweier Löwenfratzen
stecken und durch schmiedeeiserne Träger gestützt sind.
Als Material hat der Bildhauer Fremd den ungemein
wetterharten Marktbreiter Kornstein verwendet, der
auch in der Farbe vorzüglich zu dem Bronzestandbild
des Wächters passt ... "[55]

Auch wenn die Stadt Stuttgart Ende des 19. und zu Beginn
des 20. Jahrhunderts zahlreiche neue Straßen anlegen ließ,
im Bohnenviertel blieb vieles beim Alten.

Der Wagenbauer Wimpff

1886 aber sollte das Bohnenviertel seinen Beitrag zur Veränderung der Welt leisten, auch wenn dies heute kaum einer
weiß: In den Häusern Rosenstraße 26 und 28 sowie 30 hatte
der Wagenbauer Adolf Wilhelm Wimpff seit 1866 seinen
Betrieb, der Wimpff & Söhne hieß. Dort wurden Pferde-
kutschen und Chaisen angefertigt. Die Firma belieferte auch
den württembergischen Hof. Die Tochter des Hauses, die
24-jährige Luise Emilie Wimpff fuhr am 1. Juli 1872 in einer Hochzeitskutsche, einem Landauer, von der Rosenstraße zu ihrer Trauung mit Carl Franz Theodor, dem Sohn des
königlich bestellten Verwaltungsaktuar Sigel, in der nahe ge-

legenen Leonhardskirche. Das Brautpaar wurde gebührend bestaunt.

Die Firma Wimpff war stadtbekannt und sogar Hoflieferant, wie das Schild „Königlicher Hofkutschenlieferant" über dem Eingang des Firmensitzes anzeigte. Schließlich hatte der württembergische König Wilhelm I. bei Wimpff eine „Americain" bestellt.

Während Luise Emilie Wimpff mit ihrem Mann auf der Schwäbischen Alb lebte, prosperierte die Firma Wimpff. Man ging mit der Zeit: Jetzt wurden auch Feuerwehrmannschafts- und Fassbierwägen sowie Milch- und Möbelwägen gebaut. Die Zeit der Kutschen neigte sich ihrem Ende zu, aber die Firma Wimpff ging mit der Zeit. Auch die Art der Produktion änderte sich: Die reine Handarbeit nahm ab, man bediente sich industriell vorgefertigter Teile, die in der Rosenstraße montiert wurden. Durch das neue Transportmittel Eisenbahn, das eine rasche Zulieferung der Montageteile garantierte, war dies möglich geworden.

Trotzdem gab es natürlich noch die traditionellen Modelle. Im März 1886 bestellte ein Herr mit Knebelbart aus Cannstatt, Privatier von Beruf, eine „Americain". Er benötigte sie angeblich als Geschenk für seine Frau Emma. Allerdings wünschte der Kunde einige Veränderungen an dem Modell, unter anderem sollte die Kutsche keine Deichsel haben. 775 Mark kostete der Umbau schließlich. Eine spezielle Bedingung gab es noch: Das Gefährt sollte in der Nacht zum

28. August 1886 heimlich in der Taubenheimstraße 13 in Cannstatt angeliefert werden. Natürlich wurde der Wunsch des Kunden erfüllt.

Nein, es war kein Geburtsgeschenk, es war ein Experiment. In Cannstatt experimentierten der Kunde, der niemand anderes als Gottlieb Daimler war, und sein Freund Wilhelm Maybach heimlich im Gartenhaus mit der Kutsche von Wimpff. Die Deichsel war unnötig, denn sie wollten ja keine Pferde anspannen, sondern einen Verbrennungsmotor einbauen. Im späten Herbst war es so weit: Eine vierrädrige Motorkutsche konnte mit dem dreirädrigen Gefährt von Carl Benz konkurrieren. Aus der „Americain" des Chaisenbauers Wimpff war ein Auto geworden. Allerdings dauerte es noch, bis sich das Auto endgültig seinen Platz eroberte, aber sein Siegeszug hatte begonnen und die Chaisenbau-Firma Wimpff in der Rosenstraße hatte dazu einen wichtigen Beitrag geleistet.[56]

Gottlieb Daimler kaufte bei Wimpff in der Folge noch mehrere Chaisen. Er hatte ja noch einen weiten Weg vor sich, bis er sein Ziel, die Revolutionierung der Fortbewegung zu Lande, zu Wasser und in der Luft erreichen würde. Den Siegeszug des Autos erlebte er selbst nur noch im Ansatz, da er bereits im Jahr 1900 starb. Kutschen, Pferdeeisenbahn und erste Autos konnte man noch für einige Zeit gemeinsam auf den Straßen sehen und vor allem hören. Denn insbesondere die Pferdeeisenbahn war ein lautes Gefährt. Später bekam die Firma Wimpff & Söhne noch weitere illustre Kunden: Ferdinand Graf Zeppelin und Robert Bosch gehörten dazu.[57]

Bei der Wagen- und Sattlerwarenausstellung im April 1898 gehörte die Firma Wimpff zu den prämierten Ausstellern: Die Gebrüder Wimpff wurden für einen Ponywagen und Wilhelm Wimpff für einen Gesellschaftswagen prämiert.[58]

1905 kaufte die Fensterbau-Firma Neuffer die Gebäude Rosenstraße 26–28 und 30. 1911 fuhren in Stuttgart immerhin schon 470 Personenautos und 120 Lastautos.[59] Auf den alten, häufig mit Kopfsteinpflastern belegten Straßen müssen diese Fahrzeuge einen ganz schönen Lärm gemacht haben!

Die Katharinenkirche

Fast am Rande des Bohnenviertels liegt die kleine Katharinenkirche, deren Glocke so eindringlich bimmeln kann. Ihren Namen hat die Kirche nach ihrer Stifterin Catherine Masson aus Bayswater bei Liverpool in England. Catherine Masson kurte 1860 in Stuttgart, wahrscheinlich in Cannstatt. Ihre Mutter Dunbar, eine wohlhabende Reederswitwe begleitete sie. Catherine Masson starb jedoch im Oktober 1860 und regte kurz vor ihrem Tod den Bau einer Kirche an, die nach ihr beziehungsweise ihrer Namenspatronin, der heiligen Katharina von Alexandria, benannt werden sollte. Die heilige Katharina lebte im 4. Jahrhundert und starb für ihren Glauben. In der Katharinenkirche erinnert heute eine steinerne Skulptur im Kirchenschiff an die junge Frau, die sich weigerte, heidnischen Göttern zu opfern, und dafür durch das Schwert sterben musste. An ihr Martyrium erinnern die Attribute, nämlich das zerbrochene Rad und die abgebrochene Schwertspitze.

Am 15. August wurde die Katharinenkirche, die nach den Plänen von Professor Heinrich Wagner gebaut wurde, durch den Bischof von Honolulu, der dabei den Bischof von London vertrat, eingeweiht. Wegen der Herkunft der Stifterin heißt die Kirche auch „Englische Kirche". Seit 1907 wird die Kirche von der Alt-Katholischen Gemeinde genutzt, auch die Anglikanische Gemeinde hat dort ein Nutzungsrecht. Wie viele Gebäude im Bohnenviertel wurde das Kirchlein im Zweiten Weltkrieg zerstört, konnte aber von der Alt-Katholischen Gemeinde wieder aufgebaut werden.

Die Gemeinde begeht ihre Feiern aber nicht nur in den Kirchenräumen: Jedes Jahr im Sommer gibt es ein gemeinsames Gemeindefest mit der Anglikanischen Kirche, das natürlich Katharinenfest heißt, bei dem Gemeindemitglieder, Nachbarn aus dem Bohnenviertel und Gäste gemütlich beisammensitzen.

Aber auch auf die sozial Schwachen geht die Gemeinde zu: „Kathys Vesper" ist ein Projekt, das sich an die Einsamen und Armen im Viertel richtet. Am letzten Sonntag im Monat (außer wenn die Vesperkirche in der Leonhardskirche geöffnet ist) findet um 17.17 Uhr zuerst ein Gottesdienst statt, eben eine Vesper. Und anschließend gibt es ein gemeinsames kostenloses Abendessen, die andere Art von Vesper. Finanziert wird das Ganze aus Spenden. Die Nachfrage ist groß, „leider" muss man hier wohl hinzufügen.

Kauzige Typen im Bohnenviertel

Claire Heliot, die Königin der wilden Bestien

Zu den bemerkenswerten Persönlichkeiten, die im Viertel lebten oder ihm doch sehr verbunden waren, gehörte auch Claire Heliot, „die Königin der wilden Bestien", wie sie gerne genannt wurde. In Wirklichkeit hieß sie Klara Pleßke, genannt Klärchen, und war um die Jahrhundertwende zum 20. Jahrhundert die berühmteste Dompteuse ihrer Zeit. Nur einmal wurde sie von einem ihrer Löwen in den Oberarm gebissen, was aber eher ein Versehen war. Claire Heliot trug dies „ihrem" Löwen auch nicht nach, die beiden blieben dicke Freunde. Eigentlich hatte sich Klara Pleßke beim Zirkus beworben, weil sie Kunstreiterin werden wollte. Aber es kam anders: Es zeigte sich, dass sie eine Antenne für die Löwen hatte, und so wurde aus ihr die Dompteuse ihrer Zeit.

Im Ruhestand, den sie zunächst im Mahdental genießen konnte, besuchte sie oft das Bohnenviertel. Das viele Geld, das sie verdient hatte, schmolz rasch dahin, und sie musste in

Abb. 7 Claire Heliot mit
ihrem Lieblingslöwen

eine bescheidene Wohnung in der Stitzenburgstraße umziehen. Im Bohnenviertel war das Geschäft des Tier-Präparators Merkle in der Esslinger Straße ihr Ziel. Beide konnten, jeder von seiner Warte aus, über tote und lebende Tiere fachsimpeln. Und manchmal, wenn auch selten, gab es für Merkle auch einen Löwen zu präparieren. Das war natürlich für beide ein besonderes Ereignis. Heute erinnert sich kaum noch jemand an die große Claire Heliot oder an den Tier-Präparator Merkle in der Esslinger Straße.

Wilhelm Löffel, genannt „Knöpfle"

Zu den Originalen, die vom Bohnenviertel geprägt wurden und es wiederum selbst prägten, gehörte auch der Stuttgarter Mundartdichter Wilhelm Löffel (1871–1935), genannt „Knöpfle". Er wuchs im damaligen Stadtteil Immenhofen (heute Heusteigviertel) und eben im Bohnenviertel auf, wo er, wie er selbst meinte, „a sorgalosa Jugend" hatte. Von ihm stammen zahlreiche Büttenreden und Zeitungsbeiträge, die unter der Rubrik „Ansichten des Weingärtners Knöpfle aus dem Bohnenviertel" im Stuttgarter Neuen Tagblatt und einige von ihnen sogar im New Yorker Schwäbischen Wochenblatt nachgedruckt wurden. Löffel, alias „Knöpfle" schrieb in Mundart, was Nichtschwaben das Lesen natürlich erschwert. Es gibt nichts, womit er sich nicht auseinandersetzte: Mode, Wein, aber auch Politik. Dabei handelt es sich nicht um intellektuelle Erörterungen, die Wilhelm Löffel zu Papier brachte, sondern er drückte humorvoll aus, was viele dachten. Immer wieder beschäftigte er sich mit dem Thema „Wein". Zu dieser Zeit war im Bohnenviertel die Zahl der Wengerter bereits rückläufig. Der Weinbau wanderte immer mehr aus der Stadt heraus auf die Hänge. Vom Bohnenviertel aus vor allem die Weinsteige hinauf.

Hier zwei kurze Verse vom „Knöpfle" aus den „Ansichten des Weingärtners Knöpfle vom Bohnenviertel", eine Kolumne, die er von ca. 1908 bis in die 1920er-Jahre schrieb.

Em Wei' liegt Wahrheit, Geischt ond Kraft,
So lang er in der Traube schafft.
Liegt er gekeltert en d'r Bütta –
Wird seine Wahrheit scho' omschtritta.
Ruaht er em Keller erscht, im Faß –
Weh' dir „in vino veritas!"[60]

Und:

Klengt 'äs Geld em Portmanee,
Schteigt au d'r Humor in d' Höh –
Doch hot 's Portmanee a Leck,
Ischt glei d'r Humor au weg![61]

Wohl wahr! Man merkt es seinen Werken an, Löffel ist kein Weltverbesserer, er ist konservativ, befasste sich manchmal auch mit Politik in seinen Gedichten und Stücken, aber er kritisierte alle Parteien. Wahrscheinlich hätte er am liebsten seinen württembergischen König wiedergehabt! Wilhelm Löffel, dem es wirtschaftlich trotz seiner zumindest lokalen Bekanntheit als Dichter nicht besonders gut ging, schrieb übrigens auch das „Lied vom Bohnenviertel", das der fidelen Bohnenviertel-Gesellschaft gewidmet war.

Das Lied vom Bohnenviertel
(Der Gesellschaft Bohnenviertel gewidmet)

Wollt ihr die enge Webergasse,
Den Kern vom Bohnenviertel seh'n –
So dürft ihr nicht zur Königstraße,
Und auch nicht hin zum Schloßplatz geh'n,
Dort sind die Pflaster gar so breit,
Dort herrscht nur Großstadt-Herrlichkeit,
Im Bohnenviertel soll allein –
Die alte G'mütlichkeit gedeih'n!

Zwar sind die Häuschen dort sehr niedlich,
Paläste sind niemals zu Haus –
Behaglich schauet dort und friedlich,
Die G'mütlichkeit zum Fenster 'raus.
Drum, Bürger, laßt uns im Verein –
Hoch dem Bohnenviertel weih'n
Und uns're Liebe, unser Sang –
Soll nur ihm gelten lebenslang!

Ja, Bohnenviertler woll'n wir bleiben,
Das halte fest du Burgerschaar –
Nicht Großstadtluft soll uns vertreiben,
Wir bleiben die Alten immerdar.
Drum Brüder, nehmt das Glas zur Hand,
Schließt fester noch das zarte Band.
Mag auch die Welt in Trümmer geh'n,
Du, Bohnenviertel, bleibst doch steh'n![62]

Die Bohnenviertel-Gesellschaft hatte sich keine hehren Ziele gesetzt, sondern wollte einfach fidel sich und das Bohnenviertel feiern und gemeinsam Ausflüge machen, was sie auch taten. Das Lied vom Bohnenviertel kennt heute niemand mehr, aber wer weiß, vielleicht vertont es jemand neu und lässt es wieder aufleben?

Die Stadt Stuttgart benannte übrigens 1946 die ehemalige Scheerstraße nach ihrem Mundartdichter: Sie heißt jetzt Löffelstraße. Eine offizielle Würdigung war damit allerdings nicht verbunden, und nur wenige wissen heute, von wem die Straße ihren Namen hat.

Rudolf Bühler, der „Krabbadusel"

Auf keinen Fall fehlen darf hier der „Krabbadusel", der eigentlich Rudolf Bühler hieß und Wirt in der Pfarrstraße war. Seinen Necknamen „Krabbadusel" erhielt er, weil er „Krabba", also Krähen, in seinem Weinberg mit Brot fütterte, das er vorher mit Wein getränkt hatte. Hier gibt es nun zwei Versionen: Die eine erzählt, dies sei in seinem Weinberg geschehen. Bühler habe sich über die lauten Krähen geärgert und habe sie deshalb mit den weingetränkten Brotbrocken gefüttert, damit sie still werden. Na ja, das hat wohl auch funktioniert, denn die Krähen konnten sich am Schluss nicht mehr auf den Beinen halten.

In der zweiten Version, die ebenfalls im Weinberg spielt, wollte Bühler den Krähen in einem besonders strengen Win-

ter etwas Gutes tun und fütterte sie deshalb mit den alkohol-
trächtigen Brocken. Das Ergebnis war dasselbe wie bei der
ersten Variante: Die „Krabba" wurden betrunken und konnten sich nicht auf den Füßen halten.

Egal, welche Geschichte die richtige ist, es sprach sich
schnell herum, und aus Bühler wurde der „Krabbadusel", ein
Spitzname, auf den sein Träger stolz war, denn er ließ an der
Außenseite seiner Wirtschaft zwei schwarze Krähen in Stein
hauen.[63]

Der Engel vom Bohnenviertel: Marie Josenhans

Aber nicht nur kauzige Typen brachte das Bohnenviertel hervor. Auch sehr verantwortungsbewusste und sozial eingestellte Menschen wie Marie Josenhans, die 1919 sogar in den Stuttgarter Gemeinderat einzog, was für Frauen damals nicht selbstverständlich war.

Am 14. November 1855 wurde in der Olgastraße 55 Marie Josenhans geboren. Ihre Familie war gut situiert, und sie erlebte eine glückliche Kindheit ohne Not und Armut. Die Olgastraße lag in der Vorstadt und hatte noch einen eher ländlichen Charakter, von dem heute nichts mehr zu ahnen ist. Vom Haus der Familie Josenhans konnte man auf „die niedrigen Häuslein des ‚Bohnenviertels' und auf das ‚Schellentürmle'" blicken.[64]

Damals gab es im Quartier auch noch das sogenannte Lampenweible, das in der Dämmerung kam und die Öllaternen anzündete, die an einer Kette zwischen den Häusern befestigt waren. Marie Josenhans besuchte standesgemäß das Weid-

le'sche Töchterinstitut. Sie erlebte die Bebauung der Olgastraße – die Gärten, auch die elterlichen, wurden zu Bau-
plätzen umgewandelt und natürlich auch bebaut.

Sie selbst blieb unverheiratet und wohnte zeitlebens im
elterlichen Hause. Als erwachsene Frau oder Fräulein, wie
man damals etwas herabsetzend sagte, führte sie lange Jahre
das Leben einer unverheirateten Frau aus gutem Hause: Sie
kümmerte sich mit um die Kinder im Hause, bei denen sie
wegen ihres fröhlichen Wesens sehr beliebt war.

Gertrud Faut, Nichte und Biografin von Marie Josenhans,
beschreibt den Umbruch in der Olgastraße sehr anschaulich:

> *„Die große Neuheit der Olgastraße war damals die*
> *Pferdebahn. Für die Kinder hatte namentlich der Vor-*
> *spanngaul, der vor dem Josenhans'schen Hause wartete,*
> *ein fabelhaftes Interesse. Wem der Vorspannkutscher er-*
> *laubte, den Gaul eine Weile am Leitseil zuführen, der*
> *hätte mit keinem König getauscht.“*[65]

Man darf sich jedoch Marie Josenhans, die standhaft alle
Heiratspartien ausschlug, nicht als verbitterte alte Jungfer
vorstellen, sondern als lebenslustige noch jüngere Frau, die
ihren eigenen Weg ging. Als Marie Josenhans 36 Jahre alt
war, änderte sich ihr Leben und das Leben im Haus Olgastraße 55 durch den Tod ihres Schwagers. Dieser Schick-
salsschlag, der die eigene Familie betraf, sensibilisierte sie für
die Not der anderen. Zunächst versuchte sie in der nächsten
Nachbarschaft, im Nebenhaus, zu helfen. Im Lauf der Zeit

dehnte sich ihr Radius immer weiter aus. Ihre Wohnung in
der Olgastraße wurde zu einer Art „Mittelstandshilfe", in der
sie die Dinge aufbewahrte, die sie für die Bedürftigen erhielt,
bis diese ihre neuen Besitzer fanden. Auch eine Art Stellen-
vermittlung wurde von ihr betrieben, wusste sie doch, welcher
besser gestellte Haushalt eine Hilfe suchte oder wer auf der
Suche nach einem Zubrot war.

Zwar gab es bereits eine öffentliche Armenfürsorge, aber
nur in minimalem Umfang und völlig unzureichend. Die Industrialisierung schaffte einerseits Arbeitsplätze, aber nicht
genug bezahlbaren und vor allem nicht ausreichend gesun-
den Wohnraum.

Ihre Aktivitäten in Bezug auf die Armenfürsorge blieben nicht verborgen, und sie wurde in den Ausschuss des Stuttgarter Lokalwohltätigkeitsvereins berufen, sodass sie jetzt offiziell Armenfürsorgerin war.[66]

Ihre Erlebnisse im Bohnenviertel schrieb sie in ihren beiden Büchern „Meine alten Weiblein" (1906) und „Meine kleinen Freunde" nieder. Ihre Geschichten wirken heute etwas altmodisch, betulich, aber wenn man zwischen den Zeilen liest, erfährt man viel über das Leben der einfachen Leute im Bohnenviertel. Da werden Berufe erwähnt, die es schon längst nicht mehr gibt wie z. B. den Packträger oder die Wasser-Emilie, eine Frau, die, bevor die Häuser Wasserleitungen besaßen, das Wasser ins Haus trug, wenn man es sich leisten konnte. Die Wasser-Emilie, die aus einem Vorort täglich kam, brachte auch immer einen großen Topf mit, in dem sie Essenreste sammelte und mit nach Hause nahm. Familien, die selbst nichts hatten, nahmen ein Kostkind auf, das im „Gräbele" bei den Erwachsenen der Familie schlief.[67] Marie Josenhans erlebte auch den Ausbruch des Ersten Weltkrieges, einerseits die Kriegsbegeisterung, mit der viele in den Krieg zogen, und andererseits die Trauer, wenn die Familien Todesnachrichten erhielten. In diesen schwierigen Zeiten bemühte sich Marie Josenhans umso mehr, das Elend zu lindern. Es waren oft nur kleine Gaben wie z. B. eine Wärmflasche für ein Dienstmädchen in einer kalten Dachkammer, aber diese Geschenke machten das Leben der Betroffenen ein Stück lebenswerter.

Die Zeiten änderten sich, der König dankte ab, die Welt, aus der Marie Josenhans stammte, ging unter. Obwohl sie sich nie mit Politik befasst hatte, wurde sie von der Deutschnationalen Partei für den Gemeinderat vorgeschlagen und mit hohem Stimmenanteil auch als eine der ersten Frauen in den Stuttgarter Gemeinderat gewählt. Das war aber nicht das einzige öffentliche Amt, das sie bekleidete: Sie war Schöffin, Mitglied des Kirchengemeinderats von St. Leonhard und Mitglied im Ausschuss der Zentralleitung für Wohltätigkeit. Liest man ihre Geschichten von den alten Weiblein, erfährt man, dass sie noch in vielen anderen sozialen Vereinen tätig war. Und das in einem Alter von über sechzig Jahren, in dem sich andere bereits zur Ruhe setzen. Zu ihrem Freundeskreis gehörte auch die Jugend-Schriftstellerin Auguste Supper, deren Bücher noch heute gern gelesen werden.

Aber das rastlose Leben hinterließ auch Spuren, das Herz machte nicht mehr so recht mit und Marie Josenhans bekam immer häufiger Beschwerden. Am 23. März 1926 hörte dieses Herz auf, zu schlagen.

Obwohl sie so viel für die sozial Benachteiligten der Stadt und vor allem für die des Bohnenviertels geleistet hat, ist sie heute leider fast vergessen.

Das Bohnenviertel zwischen Jahrhundertwende und Nationalsozialismus

Im Bohnenviertel, genauer in der Esslinger Straße, befand sich das alte Gewerkschaftshaus. Das Haus selbst stammte aus dem Jahr 1714.[68] Untendrin befand sich das Gasthaus „Zum Goldenen Bären". Das Haus diente weniger als gewerkschaftliches Verwaltungsgebäude, sondern war vielmehr ein Treffpunkt, der auch Unterkunftsmöglichkeiten bot und eine große Bibliothek besaß. Das am meisten ausgeliehene Buch war übrigens August Bebels „Die Frau und der Sozialismus". 1901 erhielt es einen Anbau und konnte nun 2000 Personen Platz bieten.[69] Nach dem Umzug des Gewerkschaftshauses in die heutige Willi-Bleicher-Straße befand sich ein Nachtlokal dort. Das ganze Gebäude fiel, wie viele Gebäude im Viertel, dem Zweiten Weltkrieg zum Opfer.

Man denkt heute oft, früher seien die Haushalte sehr groß gewesen, was aber im statistischen Mittel nicht zutrifft. Nach 1900 umfasste der durchschnittliche Haushalt 4,63 Personen, und zwar 2,17 männliche und 2,46 weibliche. Natürlich konnten einzelne Haushalte sehr viel größer sein, dafür gab es auch viele Haushalte mit alleinstehenden Personen, meist verwitweten Frauen.[70]

In den Jahren 1903 bis 1904 fand eine dubiose Kindesentführung statt, die am Charlottenplatz ihren Ausgang nahm. Wie Hermann Freudenberger in seinem Schwabenreport berichtete, wurde das vier Monate alte Kind am 18. Juni 1903 gestohlen bzw. entführt. Eine ältere Frau, die mit dem Kind am Charlottenplatz auf einer Bank saß, wurde von einer jüngeren Frau angesprochen und gebeten, ihr doch auch mal das Kind zu reichen, was sie arglos tat. Die Ältere ließ sich dazu überreden, in die nahe gelegene Wagnerstraße zu gehen und die Flasche für das Kind zu holen, um es hier, statt in der Wohnung zu füttern. Es kam, wie es kommen musste: Als die Ältere mit dem Schoppen zurückkam, war die Jüngere mit dem Kind fort.

Aber die frischgebackene „Mutter" wurde mit dem Kind nicht glücklich. Sie und ihr Ehemann, dem sie eine Geschichte von einem eigenen Kind auftischte, lebten in ärmlichen Verhältnissen und hatten immer mehr Schwierigkeiten, sich und das Kind durchzubringen. Außerdem suchte natürlich auch die Polizei nach dem vermissten Säugling. So fädelte die Entführerin die Rückgabe des Kindes ein, das tatsächlich wieder glücklich zurück in die Wagnerstraße kam. Allerdings, so heißt es, habe es keine Milch mehr getrunken, sondern nur Bier. Der Frau, deren Identität man aufklären konnte, wurde in einem Prozess zu drei Jahren und drei Monaten Gefängnis verurteilt.[71]

Ein Bummel durch einige Straßen im Quartier

Die Wagnerstraße

Die Wagnerstraße, eigentlich die schönste Straße des Quartiers, hieß ursprünglich Metzgerstraße. Wahrscheinlich kommt der alte Name vom Schlachthaus, das am unteren Ende, an der ehemaligen Kreuzung Bach- und Rosenstraße stand, also an der Stelle, an der sich heute das Breuninger-Parkhaus befindet. Urkundlich erwähnt wird die Wagnerstraße erstmals 1594 zur Zeit der Regentschaft Herzog Friedrichs. Es war auch die Zeit der Pest, der in Stuttgart rund 2000 Personen zum Opfer fielen.

Die Wagnerstraße endete am oberen Ende ursprünglich an der Stadtmauer. Erst 1862 wurde sie mit dem Katharinenplatz verbunden, von dem sie aktuell durch die kleine Treppe zwischen Weinstube „Schellenturm" und Gaststätte „Brett" wieder getrennt ist. Heute kann man dort im Sommerhalbjahr auch gemütlich draußen sitzen, wie das folgende Bild anschaulich zeigt.

78

Abb. 9 Vor der Gaststätte „Brett"

Um 1900 gab es im Bohnenviertel nicht mehr so viele Wengerter wie in früheren Zeiten. Die Erträge im Weinanbau waren nicht mehr so gut wie in den vergangenen Jahrhunderten, und zudem wurde der Wein als Genussmittel zunehmend durch das Bier zurückgedrängt. Dennoch gab es zahlreiche Gaststätten im Viertel.

Ecke Esslinger und Wagnerstraße befand sich um die Jahrhundertwende die Weinstube von Schöttle, die später von Heinrich Honold weitergeführt wurde. Honold hatte auch ein Delikatessengeschäft am Charlottenplatz und war Hoflieferant. Er zählte also durchaus zu den Honoratioren des Viertels. Außerdem gab es noch die Weinwirtschaft von Schnabel, zu der auch eine Bäckerei gehörte.

In der Wagnerstraße 30 wohnte auch noch der alte Stapf, der wohl aus einer Wengerterfamilie stammte. Er übte darüber hinaus weitere Nebentätigkeiten aus: So war er „Ausrufer" und „Leichenansager". Beides Professionen, die es heute nicht mehr gibt. Ein „Ausrufer" informierte die Bevölkerung über wichtige Neuigkeiten, ersetzte also eine Zeitung, während der „Leichenansager" speziell über Todesfälle und Beerdigungen informierte. Allerdings war Stapf nicht für das Bohnenviertel zuständig, sondern für die restliche Kernstadt. Für die Esslinger Vorstadt einschließlich der Unteren Stadt (Neckarstraße) war damals Wolf zuständig, der eigentlich Traiteur (= Speisewirt) war, und in der Judenstraße 2, der heutigen Brennerstraße, wohnte. Die Zuständigkeiten waren genau geregelt, ebenso die Bezahlung, die drei Kreuzer je Durchsage betrug. Patchwork-Einkommen sind also durchaus keine Erscheinung unserer Zeit.

Die Wagnerstraße 31 beherbergte die Gastwirtschaft von Haspel, die vor allem bei Auswärtigen sehr beliebt war. Da auch Stallungen zur Gastwirtschaft gehörten, konnte man dort Pferd und Wagen ebenso unterstellen. Dies führte dazu, dass die Straße öfters durch Fahrzeuge blockiert war und die Leiterwagen nicht mehr durchkamen. Man darf nicht vergessen, dass die vielen Handkarren laut durch die schmalen Straßen klapperten. Der Geräuschpegel muss entsprechend hoch gewesen sein!

Neben der Gastwirtschaft Haspel wohnte ein Fensterreiniger, der Krebs hieß und sogar Gehilfen hatte. Das Arbeitsgerät bestand aus Fensterleder, Leiter und Wassereimer. Krebs war der erste Fensterreiniger in Stuttgart.[72] Seine Kundschaft dürfte er aber außerhalb des Bohnenviertels gefunden haben. Die Leute im Viertel putzten ihre Fenster selbst. Im unteren Teil der Wagnerstraße gab es auch noch den Polsterer Apfel, der bei gutem Wetter gerne im Freien arbeitete, eine Tradition, die sich bis heute erhalten hat, und den Glaser Kappauf.

Auffallend in der Wagnerstraße ist das große Doppelhaus Wagnerstraße 38/40, das wesentlich größer ist als die anderen Häuser. Dieses Doppelhaus wurde 1889 vom Metzger Casimir Spielmann als Doppelwohnhaus errichtet. Vorher standen dort baufällige, kleinere Häuser, wie sie im Viertel üblich waren. Spielmann nutzte den großen Bau aber auch für sein Handwerk. Zum Hinterhaus gehörte ein tiefer Keller, der übrigens heute noch existiert. Im Winter füllte man den Keller mit Eis, das man bei den Böblinger Seen brach, und hatte so eine Kühlung, die auch in den wärmeren Jahreszeiten Bestand hatte. Dort lagerte Spielmann seine Wurstwaren bis zur Weiterverarbeitung oder bis zum Verkauf.

Falscher Alarm

Dengler rieb sich die Augen. Er hatte mehrere Stunden vor dem Bildschirm gesessen und einiges über die Sondertruppe in Erfahrung gebracht, aber was sie genau in Afghanistan taten oder getan hatten, hatte er nirgends gefunden.

Er stand auf und reckte sich. Steifbeinig ging er zum Fenster und starrte auf die Straße hinunter.

Unten stand der Kastenwagen mit Stummelantenne.

Sofort schoss Adrenalin in seine Blutbahnen. Er federte vom Fenster zurück. Hastig öffnete er den Safe, nahm seine Smith & Wesson, lud die Waffe durch und steckte sie in den Hosenbund.

Dengler rannte die Treppe hinunter und öffnete langsam die Haustür. Der Wagen stand noch am gleichen Platz. Mit der Waffe in der Hand trat er auf die Straße, ging leicht gebückt bis zur Fahrertür. Hinter dem Lenkrad sah er einen Mann, der sich zur Seite gewandt hatte und etwas im Handschuhfach suchte. Dengler riss die Wagentür auf und hielt dem Mann die Pistole an die Schläfe.

„Raus! Aber schnell!"

Der Mann sah erschrocken auf. Er war blond, hatte eine Frisur, die an Prinz Eisenherz erinnerte, und einen ebenfalls blonden Bart. Er trug abgewetzte Jeans und einen weißen Wollpullover. Sofort streckte er beide Hände in die Höhe.

„Nicht schießen", stammelte er. „Ich habe kein Geld ..."

Und sah sehr blass aus.

Es war der Antiquitätenhändler, der gegenüber dem *Basta* seinen Laden hatte.

„Schließen Sie den Wagen auf!", sagte Dengler.

Vorsichtig, noch immer die Hände erhoben, stieg der Mann aus. Zwei türkische Jungs standen auf dem Gehweg gegenüber und beobachteten interessiert die Szene.

Der Mann schloss die hintere Wagentür auf und ließ Dengler hineinsehen.

Sechs alte Stühle standen in dem Wagen. Etwas Sägemehl lag auf dem Boden.

Mehr nicht.

„Es tut mir leid", sagte Dengler und steckte die Waffe in den Hosenbund.

Der Mann nahm die Hände herunter. Immer noch unsicher. Langsam kehrte Farbe in sein Gesicht zurück.

„Tut mir leid. Ich habe einen schlechten Tag erwischt. Darf ich Sie zu einem Glas einladen – was immer Sie wollen", fragte Dengler.

Der Mann zögerte, blickte sich um. Schließlich nickte er.

„Gerne. Aber nur ... ohne Pistole ..."

Dengler brachte die Waffe in den Safe zurück. Dann gingen sie an die Bar des *Basta* und bestellten Weißwein.

Zitiert aus: „Brennende Kälte" von Wolfgang Schorlau,
© 2008, Verlag Kiepenheuer & Witsch GmbH & Co. KG, Köln, S. 140–141

Das Hinterhaus 38a gibt es heute noch und ist eine winzige Welt für sich im Mikrokosmos Bohnenviertel. Auf kleinster Fläche findet man hier jede Menge Angebote: Bei „Haarstall" gibt es schicke Frisuren, „Schön und Schöner" verschönt den ganzen Menschen kosmetisch und Frau Pepper sorgt für Fitness und Wohlbefinden.

Auch der leider meist geschlossene Laden mit Holzspielzeug von Hans Strigl befindet sich dort im Hof. Im Keller, der einst von den Metzgern Spielmann und Holzwarth genutzt wurde, hat heute Hans Strigl seine Werkstatt.

Aber es gab noch einen Metzger in diesem Häuserkomplex, der allerdings ein kleineres Geschäft betrieb. Im zweiten Stock des Vorderhauses wohnte der Hausmetzger Steimle,

Abb. 10 Hof des Hauses 38a in der Wagnerstraße

der seine Leber- und Griebenwürste in der Wohnung produzierte und sie zum Abkühlen an Schnüren vors Fenster hing. Was da wohl die Kontrolleure von der Lebensmittelhygiene heute dazu sagen würden?!

Ein weiterer Bewohner des Hauses Wagnerstraße 38 war der Althändler, oder wie wir heute sagen, Trödler Schumann. Später zog er in die Wagnerstraße 41 um, wo sich heute der Antiquitätenladen von Norbert Ravizza und seiner Frau Angela befindet. Schumann war Sozialist und mit August Bebel persönlich bekannt, der ihn wohl auch gelegentlich in der Wagnerstraße besuchte.

Das Haus Wagnerstraße 43 hatte zwei Besitzer, nämlich den Pfandleiher Johann Kugler und den Weingärtner Jäger. Es war übrigens auch das Elternhaus von Richard Zanker, dem späteren Zeitungsredakteur und Stuttgart-Chronist. Zu dem Wohnhaus gehörte auch ein kleines Hinterhaus, das dem Pfandleiher als Lager für die Pfandsachen diente. Das Hinterhaus ist heute verschwunden.

Weingärtner Jäger hatte es bedeutend weiter bis zu seinen Arbeitsplätzen. Seine Weinberge befanden sich am Gähkopf, außerdem besaß er einen Obst- und Beerengarten an den Gablenberger Hängen. Am Kriegsberghang betreute er auch noch die Weinberge der Frau Kommerzienrat Lina Hähnle, die Vorsitzende des Bundes für Vogelschutz war. Bei Wind und Wetter war Jäger mit seinem Spitz, dem traditionellen Hund der Weingärtner, und seinem Kreben (Rückentrage) unterwegs.

In der Wagnerstraße 44 gab es noch einen weiteren Althändler, der Sieger hieß und sein Sammelsurium auch auf dem Krempelesmarkt verkaufte. Sieger sammelte auch Knochen, die wohl noch nicht gereinigt waren, denn Richard Zanker erwähnt, dass sie „abscheulich stanken".[73] Knochen waren damals ein wichtiger Grundstoff sowohl für die Leimherstellung als auch für Seife.

Das Haus Wagnerstraße 46 war um die Jahrhundertwende ein Neubau, in dem der Trödler Kölle sein Geschäft hatte. Kölle handelte mit alten Möbeln, nicht mit Kleintrödel. Er richtete die gebrauchten Möbel liebevoll auf und verkaufte sie dann weiter. Man kann schon von „Edeltrödel" sprechen.

Die Häufung von Händlern, die mit gebrauchten Dingen im Bohnenviertel handelten, zeigt, dass viele Bewohner und Bewohnerinnen des Quartiers auf gebrauchte Dinge angewiesen waren. Neue konnten sie sich oft nicht leisten. Die Trödelläden sind nicht mit den heutigen Läden vergleichbar, in denen man gediegene Antiquitäten erstehen kann und auch eine gute Beratung bekommt.

Das Gebäude Wagnerstraße 47 war ein Eckhaus und lag an der Kreuzung Wagner- und Weberstraße. Dort befand sich die Gaststätte „Schellenturm", deren Name an den historischen Schellenturm erinnerte, der sich gegenüber befand.

Der heutige „Schellenturm" mit seiner Weinstube hat eine wechselvolle Geschichte: Ursprünglich stand an dieser Stelle nicht der Schellenturm, sondern die 1564 erbaute Kastkellerei, also eine Art Verwaltungszentrum für die herzoglichen landwirtschaftlichen Güter. Der ursprüngliche Schellenturm befand sich an der Ecke Kanal- und Weberstraße und wurde bereits 1811 abgebrochen. In diesem Zug wurde der Kastkellereiturm umbenannt (wahrscheinlich weil niemand mit dem Begriff „Kastkellerei" etwas anfangen konnte) und zum „Schellenturm" gemacht.[74]

Der Name „Schellenturm" stammt übrigens von den Schellenwerkern, Gefangenen mit Beinfesseln und Glöckchen (= Schellen) an der Kleidung, die öffentliche Arbeiten verrichten mussten. Die Schellen sollten verhindern, dass die Gefangenen fliehen konnten, und gleichzeitig die Bevölke-

Abb. 11 Der „Schellenturm"

rung vor ihnen warnen. Schellenwerker waren übrigens nie Schwerverbrecher, sondern waren wegen leichterer Delikte verurteilt.

Während heute die Weinstube „Schellenturm" innen über zwei Stockwerke geht, wohnte um die Jahrhundertwende im obersten Stockwerk der Schuhmacher Schmid, der noch einen Nebenberuf hatte, er war nämlich Laternenanzünder. Seine Aufgabe als Laternenanzünder bestand darin, bei Einbruch der Dämmerung in seinem Bezirk mit einer langen Stange, an deren oberem Ende ein Petroleumlämpchen brannte, herumzugehen und die Gaslaternen anzuzünden. Einen Teil der Gaslaternen musste Schmid nach Mitternacht wieder löschen, die anderen brannten die ganze Nacht hindurch. Auch um die Jahrhundertwende war man also aufs Energiesparen bedacht. Die Laternen, die die ganze Nacht brennen sollten, waren übrigens durch ein kleines rotes Herz auf der Glasscheibe gekennzeichnet.

1905 kaufte die Stadt den Turm und ließ ihn renovieren. Schließlich war er das letzte Überbleibsel der alten Stadtbefestigung. Im Zweiten Weltkrieg wurde er völlig zerstört. „Knöpfle" oder besser Wilhelm Löffel dichtete einmal über den Schellenturm:

> *Der traute alte Schellenturm*
> *Blickt traurig auf die Gassen.*
> *An seinem Holze nagt der Wurm,*
> *Er seufzet so verlassen:*
> *„Fremd sind die Menschen um mich her,*
> *Ich taug' in diese Welt nicht mehr,*
> *bald wird mein Stündlein schlagen!"*[75]

Trotz der kriegsbedingten Zerstörung blieb dem Schellenturm aber dieses Schicksal erspart.

Im Zuge der Sanierung des Quartiers in den 1970er-Jahren schlossen sich Stuttgarter Geschäftsleute zur „Gemeinnützigen Denkmalstiftung GmbH" zusammen und finanzierten den Wiederaufbau des Turms. Seit 1980 beherbergt er die gemütliche Weinstube „Schellenturm", die seit 2006 von Rudolf Reutter zusammen mit seiner Frau Maria betrieben wird. Es ist sozusagen Rudi Reutters zweite Karriere im „Schellenturm".

Begonnen hatte er im „Schellenturm" nämlich als Angestellter. Er bewarb sich auf eine Stellenanzeige, in der für die Weinstube „Schellenturm" ein innovativer, junger Küchenchef gesucht wurde. Gäste seien Personen aus Wirtschaft, Politik und Sport. Rudi Reutter fühlte sich von der Herausforderung angesprochen, bewarb sich und verliebte sich sofort in den Turm und das Bohnenviertel. Fünf Jahre dirigierte er die winzige, nur sechs Quadratmeter kleine Küche, im Rückblick fünf wunderschöne Jahre.

Nachdem er seine Küchenmeisterprüfung erfolgreich bestanden hatte, wurde ihm der Schellenturm zu klein – er suchte neue Herausforderungen. Allerdings war ihm damals schon klar: Wenn er je mal sein eigener Chef sein sollte, dann im „Schellenturm".

Zunächst einmal „schmiss" er die Küche des Tagungshotels der Telekom, erst als Küchenleiter und danach als Geschäftsführer. Für ihn stand fest, er wollte sich selbstständig machen, und sein Konzept war klar: „Back to the roots", konsequent auf regionale Küche setzen auf hohem Niveau. Also machte er sich auf die Suche nach einem geeigneten Lokal. Eher zufällig erfuhr er, dass sein alter Chef im „Schellenturm" sich zur Ruhe setzen wollte und das Lokal somit zu pachten war.

Natürlich gab er sofort seine Bewerbung ab, und zwei Tage später unterschrieb er den Pachtvertrag. 2006 begann seine zweite „Laufbahn" im „Schellenturm", diesmal als Pächter. Um seine Vorstellungen zu realisieren, war nicht nur harte Arbeit, sondern auch viel Geld notwendig, das in den Turm floss. Dem Ehepaar Reutter ist es gelungen, den „Schellenturm" zu einem unverwechselbaren Ort zu machen, indem sie mit der Ausstrahlung des Bauwerkes arbeiteten, in der Küche rigoros auf Qualität, Ehrlichkeit und Authentizität setzten und den Gast als das behandeln, was er ist: als Mittelpunkt. Der Gast von heute ist nach den Erfahrungen von Rudi und Maria Reutter viel „geschulter", kritischer und qualitätsbewusster als früher. Ein Gast heute legt Wert darauf, dass seine Wünsche kompetent und auf „Augenhöhe" erfüllt werden.

Auch außerhalb des „Schellenturms" engagiert sich Rudi Reutter, er ist im Handels- und Gewerbeverein aktiv und wirkt im Festausschuss mit, der das jährliche Bohnenviertelfest organisiert. In seinem schönen Garten kann das benachbarte Antiquariat Buch & Plakat mehrmals im Jahr Veranstaltungen (Büchermarkt, Lesegarten) durchführen. Alles Aktivitäten, die dazu beitragen, die Attraktivität und Ausstrahlung des Bohnenviertels zu erhalten und zu verstärken. Er weiß, es gibt keine Lorbeeren, auf denen man sich ausruhen könnte, es gibt eher Probleme, die man zusammen lösen muss. Hier sind der Handels- und Gewerbeverein und andere Initiativen das geeignete Mittel. Auch der Stadtverwaltung muss man immer wieder deutlich machen, dass das Bohnenviertel ein Stück Vorzeige-Stuttgart darstellt, das gepflegt werden muss. Wie so viele andere Gewerbetreibende sowie Bewohner und Bewohnerinnen legt Rudolf Reutter Wert auf die Feststellung, dass er und seine Frau ihren Entschluss, sich hier im Bohnenviertel niederzulassen, nicht bereut haben.[76]

1997, also lange bevor das Ehepaar Reutter den „Schellenturm" übernahm, gab es sogar einmal eine Polit-Affäre, die sich in diesem gemütlichen Restaurant abspielte. Involviert war Rudi Märkle, Baden-Württembergs höchster Steuerbeamter, der bei einem (oder waren es mehrere?) Glas Wein Vertrauliches über die damals laufenden Ermittlungen gegen den Konzertveranstalter Hoffmann ausplauderte und dafür noch Rückendeckung von seinem Dienstherrn, dem damaligen baden-württembergischen Finanzminister Mayer-Vorfelder erhielt. Am Schluss wurde dann sowohl gegen Hoffmann als auch gegen Märkle ermittelt. Nicht nur Zeitungen von Stuttgart bis Berlin und Hamburg griffen das Thema auf, im Landtag in Stuttgart setzte man dazu eine Fragestunde an. Heute ist die Affäre vergessen, und es ist Gras, oder besser, Bohnen sind darübergewachsen.

Die Wagnerstraße 47 war auch das Geburtshaus des Tänzers Gino Neppach, der hier 1898 zur Welt kam und bereits als Kind in Stuttgart im Kinderballett des Königlichen Hoftheaters tanzte, ohne dass er eine Berufsausbildung zum Tänzer absolvieren konnte. Geprägt wurde er stark von dem damals aufkommenden Ausdruckstanz mit seinen großen Meistern Rudolf von Laban, Mary Wigman und Harald Kreuzberg. Später trat er als Solist in Dresden auf und machte Tourneen durch ganz Europa, kam aber nie nach Stuttgart, wo man ihn auch kaum kannte. Seine Lieblingsfigur wurde der Joseph aus der „Josephslegende" von Richard Strauss und Hugo von Hofmannsthal. Erst als er 1953 erkrankte, kehrte er in seine Heimatstadt Stuttgart zurück und starb hier.[77]

Wagnerstraße 48 war das andere Eckhaus an der Weberstraße, die das ganze Viertel durchzieht. Hier hatte der Schneidermeister Lautenschläger seine Werkstatt. Außerdem verkaufte er auch Mineralwasser, das er aus Bad Teinach im Schwarzwald bezog, sowie Limonade, also eingefärbtes Tafelwasser. Besonders bei Kindern war dieses bunte Wasser beliebt. Auch das „Berger Urquell" hatte der Schneider in seinem Getränkeangebot. Das Berger Wasser, das heute noch geschätzt wird, besorgten die Söhne des Schneidermeisters mit einem Handkarren von den Berger Quellen. Das Heilwasser wurde in irdene Krüge abgefüllt, sogenannte Sutterkrüge. Je nach Größe kostete ein solcher Krug 5 oder 10 Pfennige, und man konnte sich die Krüge auch ins Haus liefern lassen.

Damals gab es zwischen den einzelnen Häusern auch noch zahlreiche kleine „Wegle" zwischendurch, sodass man z. B. quer zur Brunnenstraße gelangen konnte. Allerdings lag hier auch ein großer Dunghaufen, der sicher weit zu riechen war.

Heute wird die Wagnerstraße einschließlich der angrenzenden Weberstraße bis hin zur Brennerstraße von dem großen Komplex des Bischof-Moser-Hauses dominiert, das übrigens über einen wunderschönen Innenhof verfügt. Leider ist er nur für die Bewohner und Bewohnerinnen des Hauses gedacht und nicht für die Allgemeinheit zugänglich. Aber von fast allen Läden in der Wagnerstraße kann man einen Blick in den Hof hineinwerfen. Schon alleine deshalb lohnt es sich, den verschiedenen Läden einen Besuch abzustatten, und wer weiß, vielleicht entdeckt man ja dabei auch etwas, was man schon lange gesucht hat.

Die Begegnungsstätte im Bischof-Moser-Haus besteht seit 1989. Sie versteht sich auch als Bildungseinrichtung für Senioren. Diese Bildungsarbeit erfolgt in Form eines breiten Angebotes von Seminaren und Kursen. Die Palette reicht von Computer- über Sprachkurse, Gymnastik, Yoga, Feldenkrais-Kursen bis zum Gedächtnistraining. Es bestehen soziale Betreuungsgruppen für Menschen mit Demenz, ferner gibt es eine Lieder- und eine Theatergruppe, die auch zu öffentlichen Aufführungen einlädt.

In der Begegnungsstätte können sich Menschen mit bestimmten Interessen treffen: So wird z. B. Bridge, auch Rommé oder Schach gespielt. Ebenso wird ein Vortragsprogramm angeboten und gerne genutzt. Außerdem bietet die Begegnungsstätte nachmittags Kaffee und Kuchen an. Die Bewirtschaftung erfolgt im Wesentlichen mit ehrenamtlichen Helfern und Helferinnen. Unterstützung ist immer willkommen!

Das Einzugsgebiet geht weit über das Gebiet von Stuttgart-Mitte hinaus, da zum Teil bestimmte Angebote woanders gar nicht angeboten werden. Manche Besucher oder Besucherinnen haben aus früheren Zeiten noch eine Beziehung zum Quartier oder zur Innenstadt allgemein, z. B. wegen des ehemaligen Arbeitsplatzes. So gibt es einen Gymnastikkurs für Parkinson-Erkrankte, zu dem Teilnehmer auch aus Nürtingen kommen. Viele nutzen das Angebot, solange es ihre Mobilität noch erlaubt, denn der Besuch der Begegnungsstätte ist auch ein Stück Selbstverwirklichung.

Im Gebäudekomplex, der sich über die Weber- und Wagnerstraße bis zur Brennerstraße erstreckt, befindet sich unter anderem eine Anlage für betreutes Seniorenwohnen mit 40 Wohnungen. Früher hieß es oft, hier sei ein „Altersheim", das stimmt nicht – es geht um betreutes Wohnen. Auch diesem Personenkreis steht die Begegnungsstätte natürlich offen. Im ganzen Block ist generationsübergreifendes Wohnen Realität, da in einem Teil der Gebäude eine bestimmte Anzahl Wohnungen für Familien mit Berechtigungsschein reserviert sind. Ein weiterer Mitnutzer ist die katholische Kirchengemeinde St. Eberhard, die hier ebenfalls Räume hat. In der Begegnungsstätte finden auch Weiterbildungen für ehrenamtliche Familien- und Nachbarschaftshelfer statt, es gibt sogar eine Tagesmütter-Börse und noch andere soziale Dienste im Haus. Daneben werden die Seminarräume auch fremdvermietet, einige Kulturvereine nutzen dieses Angebot, vor allem abends und am Wochenende.

Abb. 12 Innenhof des
Bischof-Moser-Hauses

Angesprochen auf die Entwicklung der letzten 20 bis 25 Jahre fällt den beiden Leiterinnen der Begegnungsstätte, Frau G. und Frau H., sofort das relative „Abgeschnittensein" des Quartiers ein. Dieses Problem hat in der Vergangenheit auch zu einer gewissen Fluktuation unter den Gewerbebetrieben geführt. Eine bessere Ausschilderung mit Hinweisen auf Läden und andere Einrichtungen wäre wünschenswert.

Beide können sich noch gut an die Zeit erinnern, in der die ersten Bohnenviertelfeste organisiert wurden. Man saß in der Begegnungsstätte zusammen, Anwohner und Anwohnerinnen mit Gewerbetreibenden gemeinsam, bastelte Luftballongirlanden und organisierte das Fest. Die Professionalisierung in der Gegenwart nimmt vielen die Möglichkeit, sich am Fest zu beteiligen. Die frühen Feste waren eher für die Menschen im Quartier veranstaltet worden – zum Teil noch auf den Brachflächen vor der Sanierung.

Heute ist das Bohnenviertelfest in ihren Augen ein Event von vielen in der Innenstadt, eine Entwicklung, die sicher zwangsläufig war, aber auch ein bisschen Wehmut auslöst.

Besorgnis löst die zunehmende „Verwahrlosung" durch zweifelhafte Etablissements wie das „Hotel Dieter" oder das „Türmle" aus. Nicht nur, dass die Zahl der Damen immer größer wird, sie werden dem Augenschein nach auch immer jünger und gehen ihrer Profession offensiver nach als früher. Außerdem nimmt die Menge der „Hinterlassenschaften" dieses Gewerbes drastisch zu und liegt auf Gehwegen und Spielplätzen herum.

Was leider auch zugenommen hat, ist die Einbruchs- und Diebstahlskriminalität. So kommt es immer wieder vor, dass Besucherinnen der Begegnungsstätte Handtaschen gestohlen werden. Das große Gebäude besitzt mehrere Eingänge, die schwer zu kontrollieren sind. Aber auch Einbrüche in Wohnungen haben zugenommen. Positiv ist dagegen, dass das Viertel immer noch einen lebendigen Nachbarschaftsgeist aufweist, hier gibt es immer noch Situationen, in denen sich einer um den anderen kümmert – und das sollte unbedingt so bleiben.

Die Brunnenstraße (heute Pfarrstraße)

Dort befand sich unter anderem die Wirtschaft von Rudolf Bühler, die ihren Schankraum im ersten Stock hatte. Auch der Trödler Kölle war von der Wagnerstraße hinüber in die Brunnenstraße gezogen. 1902, als das Hoftheater abbrannte, konnte er manches aus dem Fundus aufkaufen. Mit einer Teufelsmaske aus eben diesem Fundus erschreckte er einmal eine weinfröhliche Gesellschaft bei Rudolf Bühler, dem „Krabbadusel".

In der ehemaligen Pfarrstraße 7 befand sich wahrscheinlich einmal das Pfarrhaus der Leonhardskirche. Auch ein Lumpensammler soll dort einmal gewohnt haben.

Die Weberstraße

Das Webergässle, heute Weberstraße, verläuft noch immer quer durchs Bohnenviertel und hinüber in das Leonhardsviertel. Die Straße ist eigentlich ein Gässlein, denn sie ist auffallend schmal. So schmal, dass eigentlich nur ein Leiterwagen durchpasst. In der Webergasse 94 wohnte einst Rosine Oettle, Tochter des Stiftsturmwächters August Wilhelm Oettle. Da er nur „Beiwächter" war, wohnte er nicht auf dem Turm, sondern außerhalb im Bohnenviertel. Seine Tochter Rosine wurde 1877 eben in der Webergasse 94 geboren und gehörte zu den „alten Weiblein", von denen Marie Josenhans später erzählte.

Die Brennerstraße (die ehemalige Judengasse)

Um die Jahrhundertwende errichtete dort der Pferdemetzger Dirke einen Neubau mit Metzgerei und Gastwirtschaft,
wo natürlich auch Pferdefleisch angeboten wurde, was als
Delikatesse galt.

Auch ein früher „Gastarbeiter", Herr Rossi wohnte in
der Brennerstraße. Seine Arbeitsplätze befanden sich in der
warmen Jahreszeit auf dem Cannstatter Wasen, wo er Luftballons verkaufte, und im Winter am Königsbau gegenüber
vom Hotel Marquart. Mit königlicher Genehmigung durfte
er dort eine Kastanienrösterei betreiben. 10 Pfennig kostete
die Tüte gerösteter Kastanien damals bei Rossi.[78]

Heute gibt es in der Brennerstraße keinen Metzger mehr.
Aber ein schickes Bistro, nämlich das „Bistro Brenner", in
dem man natürlich auch draußen sitzen kann. Seine heutigen Betreiber sind John Wettern und seine Frau Claudia.

Seit 15 Jahren lebt John Wettern nun in Stuttgart. Seine
Wiege stand im hohen Norden, in Hamburg. Dort erlernte
er das Hotelfach und hat es bis zum Abteilungsleiter der Bar
des Marriott-Hotels gebracht. Er kannte Stuttgart bereits
von den Meisterschaften der Deutschen Barkeeper-Union.
Die Stadt, und vor allem das Bohnenviertel, hatten es ihm
sofort angetan. Da er sich sowieso verändern wollte, weg von
den Großhotels, hin zur kleineren Gastronomie, folgte er
dem Ruf von Frau Köhler, der früheren Chefin des „Basta".
Sie suchte damals gerade jemanden für die Bar. Also heuerte
John in Hamburg ab und im „Basta" an. Dort blieb er acht

Jahre hinter dem Tresen und trug mit dazu bei, das „Basta" zu dem zu machen, was es heute ist. Auf Dauer empfand er die ständige Nachtarbeit aber als zu anstrengend, es ging ihm an die Substanz. Also beschloss er, aus der Nachtschiene rauszugehen, und suchte etwas mit „humaneren" Arbeitszeiten. Außerdem wollte er sich selbstständig machen.

Da fügte es sich, dass ein eigentlich trauriges Ereignis ihm die Verwirklichung seiner Wünsche möglich machte: Eine Straße weiter betrieb Geli Clesle seit vielen Jahren erfolgreich das „Bistro Brenner". Da John in der Brennerstraße wohnte (und auch heute noch dort wohnt), war er oft Gast im „Brenner", das ein zwangloser Treff von Künstlern und Galeristen war. Als Geli schwer erkrankte und das Bistro nicht mehr selber betreiben konnte, machte sie John das Angebot, ihr Bistro zu übernehmen. Nach kurzem Überlegen sagte John zu, er war sicher, diese Aufgabe stemmen zu können – es war eigentlich genau das, was ihm vorschwebte. Seine Frau zog mit, und so wagte er den Sprung in die Selbstständigkeit.

Ganz behutsam gestalteten die beiden das Bistro nach ihrem Geschmack um. „Wir haben es ein bisschen wie unser Wohnzimmer gestaltet, es sollte ein Raum entstehen, in dem wir und unsere Gäste sich wohlfühlen können." Die alten Stammgäste kamen weiterhin, neue kamen hinzu. Was er ein bisschen schade findet, ist die Tatsache, dass das Quartier etwas von seiner fröhlichen Buntheit verloren hat. „Abgänge" wie der von Peter Kuhn, dem Trödler, der jahrelang das Viertel prägte, sind eben nur schwer zu ersetzen.

Abb. 13 Blick auf das Bistro Brenner

Aber gerade die neu hinzugekommenen wie „Pracht und
prächtig", „Maria Stuart Interiors", das Atelier Sim 1, Götz
Wintterlin mit seiner Galerie Pixxl bringen im Zusammen-
spiel mit den Alteingesessenen die Buntheit wieder ins Viertel, auch wenn sie sich zwangsläufig verändert hat.

Das Bohnenviertel ist ein bisschen ein kleiner Kiez, jeder
kennt jeden und das ist auch heute noch ein wichtiger Teil
der Ausstrahlung. John Wettern wünscht sich nur, dass die
Presse öfter über diese positiven Aspekte berichten würde
und nicht nur über die Probleme, aber ihm ist auch klar
„only bad news are good news". Aber inzwischen arbeiten

eine ganze Menge Leute aus dem Viertel, darüber hinaus von der Stadtverwaltung und der Presse selbst daran, die zahlreichen positiven Aspekte des Quartiers ins rechte Licht zu rücken. Ein Problem sei auch die „Zurückhaltung" der Stadtverwaltung bei neuen Ideen: „Wir wollten in unserem Außenbereich eine Lichterkette installieren, beim Ortstermin erklärte der städtische Mitarbeiter, dass es hier hell genug sei, und verweigerte die Zustimmung". Das ist natürlich entmutigend und nicht recht verständlich, aber auch hier beginnt allmählich ein Umdenken.

Auch wenn man sich manchmal ärgert, es überwiegen dennoch die positiven Seiten: Die Mischung aus altem Handwerk, Galerien, Kulturläden und toller Gastronomie auf so engem Raum, ist nicht nur in Stuttgart ziemlich einzigartig, und John ist immer noch froh, hier gelandet zu sein. Und seine Gäste sind es auch!

Routineermittlungen

Am Morgen frühstückten sie gemeinsam in *Brenners Bistro*. Dicke Wolken hingen am Himmel, aber immerhin regnete es nicht mehr. Sie bestellten Weißwürste. Dengler trank einen doppelten Espresso mit einem Schluck Milch, Olga ein Weißbier.

Georg versuchte, von Olga eine Beschreibung ihres ehemaligen Mannes zu erhalten, doch ihre Ausführungen waren so ungenau, dass er sich kein Bild machen konnte. Auch zeichnen konnte oder wollte sie ihn nicht, und die alten Fotos hatte sie schon lange zerrissen. Ihm entging nicht, dass sie sich ständig umschaute, die

Passanten genau musterte, die draußen die Brennerstraße hinauf- oder hinuntergingen.

Was immer geschieht, ich werde sie beschützen.

Einmal zuckte sie zusammen. Sofort folgte Dengler ihrem Blick auf die Straße. Ein groß gewachsener Mann in schwarzer Lederja- cke und schwarzer Baumwollmütze kam die Straße hoch. Dengler wollte bereits aufstehen, als er Olgas Hand auf seinem Arm spürte. Sie schüttelte den Kopf.

Der Mann ging vorbei, ohne den Blick von der Straße zu wen- den.

Georg berichtete ihr von seinem Besuch in der Charité und bei dem Witwer der Abgeordneten und erzählte, dass Schöllkopf eine Geliebte hatte, die ihn bedrängte, das Verhältnis öffentlich zu ma- chen.

„Das könnte ein Motiv sein, wenn auch ein schwaches", sagte Dengler.

„Geh der Sache nach", sagte sie und nahm seine Hand.

„Alles wegen dem Heiligen Antonius?"

„Vielleicht brauchen wir beide seine Hilfe gerade jetzt."

Sie gingen zurück nach Hause.

Als sie die Treppe zum Obergeschoss betrat, sagte Dengler:

„Mir wäre es lieber, du würdest bei mir bleiben."

Olga nickte. Sie wolle nur ihr Buch holen, sagte sie und sprang die Stufen hinauf in den oberen Stock. Dengler holte aus seinem Büro eine dünne Anglerschnur, befestigte das eine Ende am Ge- länder, das andere wickelte er einmal locker um einen kleinen Nagel, den er in die Wand gegenüber drückte. Das zweite Ende führte er unter seiner Tür hindurch und band es an eine leere Rot- weinflasche. Dann stellte er die Flasche auf ein Metalltablett.

Sie wird einen Höllenlärm machen, wenn sie umfällt.

Dann ging er zurück in den Flur, gerade noch rechtzeitig, um Olga die Schnur zu zeigen. Sie stieg vorsichtig darüber, setzte sich auf die Couch und las. Er ging in sein Büro. Die Tür ließ er offen.

Zitiert aus: „Fremde Wasser" von Wolfgang Schorlau,
© 2006, Verlag Kiepenheuer & Witsch GmbH & Co. KG, Köln, S. 147–148

Die Esslinger Straße

Die Esslinger Straße hatte bereits um die Jahrhundertwende einen anderen Charakter als die übrigen schmalen Straßen des Quartiers. Die Esslinger Straße war sehr viel breiter, und seit den 1880er-Jahren verband dort die Pferde-Eisenbahn den Charlottenplatz mit der Hauptstätter Straße.

Unter anderem hatte der Posamentenmacher Ernst sein Geschäft in der Esslinger Straße. Im zugehörigen Hinterhof fertigte er seine Produkte (Troddeln, Bordüren und Ähnliches) selbst an. Außerdem verkaufte er Papierkrägen, eine nützliche Einrichtung in einer Zeit ohne Waschmaschinen. So konnten alle am Sonntag einen weißen Kragen aufweisen.

Ein besonderer Anziehungspunkt für die Kinder war zweifellos der bereits erwähnte Laden des Präparators Merkle, der sich ebenfalls in der Esslinger Straße befand. Er stellte in seinem Schaufenster auch ausgestopfte exotische Tiere aus, die natürlich eine besondere Attraktion waren. Etwas ent-

fernt davon, am Wilhelmsplatz 12, befand sich seine Tier-
handlung, wo er u. a. lebende Zierfische für Aquarien, Papa-
geien und andere Vögel verkaufte. Einmal entwichen seine
Wellensittiche und zwitscherten fröhlich von den umstehen-
den Bäumen herunter, was einen Auflauf verursachte, denn
Wellensittiche waren damals noch etwas Besonderes. Aber
die Tiere waren schlau und kehrten zum Futtertrog im Käfig
zurück. Wie bereits erwähnt, verkehrte auch Claire Heliot
beim Präparator Merkle.

Sogar eine Käse- und Butterhandlung hatte die Esslinger
Straße zu bieten: Sie gehörte der Familie Brack und befand
sich zwischen Rosen- und Brennerstraße. Auch der Juwelier
Dreyfuß besaß ein Geschäft in der Esslinger Straße. Seine
Kunden kamen in der Regel nicht aus dem Bohnenviertel.
Zwischen Leonhardsplatz und Wagnerstraße befand sich das
Friseurgeschäft Müller, der nebenher auch noch „Wundarzt"
war. Anders als die Doktoren mussten Wundärzte nicht stu-
dieren und durften auch nur Wunden behandeln oder z. B.
Zähne ziehen. Wundärzte waren die Nachfolger der Bader.

An der Ecke Esslinger und Rosenstraße befand sich die
Winter'sche Konditorei, also in etwa da, wo sich heute das
Café Nast befindet. Daneben gab es einen Laden der Brüder
Imberger, die Jerusalemer Wein aus dem Heiligen Land nach
Deutschland importierten sowie Datteln und Feigen ver-
kauften. Damals alles seltene Spezialitäten! Direkt gegenüber
hatte der Drechsler Reinhardt seine Werkstatt und verkaufte
u. a. selbst hergestellte Tabakspfeifen.

Abb. 14 Blick in die Rosenstraße

Ecke Esslinger und Kanalstraße befand sich das Haus des Glasermeisters Siegelen. 1862 verkaufte er es für den stolzen Betrag von 12 000 Gulden an den Bortenmacher Bader. Bekannt wurde der Neffe Baders, der Kunstmaler Robert Haug, der seit 1894 an der Kunstschule unterrichtete und häufig im Haus seines Onkels verkehrte.

Neben dem Bader'schen Haus befand sich eine weitere Weinstube, nämlich die „Zum Postmichel". Später musste sie einem Neubau weichen, was um ein Haar auch das Nachbarhaus in der Kanalstraße zerstört hätte. Die Häuser waren nämlich so dicht aneinandergebaut, dass beim Abbruch fast das Nachbarhaus mit abgerissen worden wäre. Da war es kein Wunder, dass man alles gut hören konnte, was im jeweiligen Nachbarhaus vor sich ging.

Am bekanntesten wurde aber die „Elsässer Taverne", eine Weinstube mit einem fast legendären Ruf. Die „Elsässer Taverne", die 1875 eröffnet wurde, war ursprünglich ein Bierlokal, in dem Straßburger Bier ausgeschenkt wurde. Daher auch der Name. Man musste das Bier aber nicht in der Gastwirtschaft trinken, man konnte auch mit einem Krug vorbeikommen und es darin mitnehmen, was wohl preislich günstiger war. Unter Willy Widmann mauserte sich die „Elsässer Taverne" zum Künstlerlokal, in dem Kunstmaler, Zauberer und Artisten verkehrten. Auch die Siouxindianer, die im Jahr 1900 mit dem amerikanischen Zirkus „Barnum and Bailey" auf dem Stöckach auftraten, kehrten nach der Vorstellung in der „Elsässer Taverne" im Bohnenviertel ein und dürften dort für großes Aufsehen gesorgt haben. Zahlreiche Schauspieler wie Werner Krauß und Paul Wegener, Fritz Langs unvergessener „Golem", kehrten gerne dort ein. Man saß im ersten Stock und zechte in fröhlicher Runde. Viele der Weinstuben des Bohnenviertels waren vor der Zerstörung des Quartiers im Krieg auch in den oberen Geschossen untergebracht, weil die Grundfläche der Häuser ja meist sehr klein war.

Aber damit der Weinstuben noch nicht genug: In der Esslinger Straße 8 gab es noch den 1881 erbauten Gasthof

Abb. 15 Stechschild des „Stetter"

„Zum Schwarzen Bären", der nicht mit dem Gasthof „Zum Goldenen Bären" verwechselt werden darf. Es ist schon erstaunlich, dass alle diese Weinwirtschaften existieren konnten, die zudem im Winter noch Konkurrenz durch die „Besenwirtschaften" der Wengerter erhielten, die ihren selbst produzierten Wein ausschenken und ein einfaches Vesper anbieten durften.

Seit 1902 existiert die Weinstube „Stetter" mit Weinhandlung in der Rosenstraße 32. Ernst Stetter, der Küfermeister, gründete die Firma Stetter, stellte Fässer her und reparierte sie aber auch. Er selbst presste Most, kaufte von seinen Kun-

Abb. 16 Blick auf
den „Stetter"
(Rosenstraße)

den, den Wengertern, Traubenmost an, baute ihn in den
selbst hergestellten Fässern aus – und so entwickelte sich die
Firma langsam von der Küferei zum Weinhersteller.

Im Zweiten Weltkrieg wurde das Gebäude zerstört, konnte
aber von den Stetters wieder aufgebaut werden. Aber für die
Küferei war kein Bedarf mehr, Metalltanks hatten die Holz-
fässer abgelöst. Nun wurde nur noch mit Wein gehandelt,
der in der Weinstube ausgiebig probiert werden konnte.

Heute ist die Weinstube „Stetter" die zweitälteste noch existierende Weinstube in Stuttgart. Meist nur „dr Stetter" genannt, ist sie bei Weinzähnen eine äußerst beliebte Adresse. Hier erhält man nicht nur die typischen schwäbischen Weine (auch in Spitzenqualitäten), sondern auch Weine vom anderen Ende der Welt, nämlich aus Australien und selbstverständlich auch aus den klassischen Weinanbauländern Frankreich und Italien. Und das alles auch zum Mitnehmen oder sich Anliefern-Lassen. Insgesamt kann man aus über 550 Flaschenweinen wählen. Da hat man die Qual der Wahl!

Bis Ende 2008 führte die Familie Stetter in der dritten Generation die Weinstube mit Weinhandlung. Der letzte Inhaber, Roman Stetter, dessen Ehe kinderlos blieb, suchte ab 2006/2007 einen Nachfolger, da er sich zur Ruhe setzen wollte (Roman Stetter ist leider im August 2013 verstorben). Seine Wahl fiel auf Andreas Scherle, Spross einer ebenso traditionsreichen Gastronomenfamilie in Stuttgart (Hotel Wörtz an der Weinsteige). Beide kannten sich bereits von diversen Weinproben. Zuerst zögerte Andreas Scherle, zu groß erschien ihm die Belastung, gleich für zwei Unternehmen Verantwortung zu tragen. Nach wiederholtem Drängen und sorgfältigem Überlegen wurden sich die beiden doch handelseinig. Es war klar, dass das Haus so weitergeführt werden sollte wie bisher, aber auch notwendige Veränderungen erfolgen mussten. Bislang gab es bei Stetters zum Wein nur einfache Vesper. Für Andreas Scherle war es aber auch eine Frage der Glaubwürdigkeit, als bekannter Gourmet-Gastronom in der Weinstube „Stetter" neben einfachen Gerichten eine Auswahl frisch zubereiteter warmer Speisen anzubieten. Daher war eine Neugestaltung der Küche unumgänglich.

Seit Anfang 2009 führt Andreas Scherle das traditionsreiche Weinhaus „Stetter" im Bohnenviertel. Von der Weinsteige hatte er seinen Sommelier mitgebracht, in der Küche regierte nun ein Koch. Die Inneneinrichtung blieb komplett bestehen, es gibt keinen Verzehrzwang – die Weinstube „Stetter" ist schließlich kein Restaurant, sondern eben eine Weinstube, und das soll sie auch bleiben. Wer aber essen möchte, findet hier Schwäbisches wie z. B. saure Nierle, Kutteln und natürlich das schwäbische Nationalgericht Linsen mit Spätzle. Zwiebelrostbraten und kalte Vesper gibt es natürlich auch!

Das Stammpublikum reagierte auf die Veränderung am Anfang zurückhaltend, das frische Essen kam bei vielen erst einmal nicht an, es gab Reklamationen. Das junge Team beschlichen schon Zweifel, aber Andreas Scherle war überzeugt, auf dem richtigen Weg zu sein. Und siehe da, nach einigen Wochen hatte sich die Lage beruhigt – die alten Stammkunden kamen wieder, waren zufrieden und neue gesellten sich hinzu. Behutsam wurde das Weinsortiment gestrafft und in der Qualität angehoben. Der Schwerpunkt liegt heute auf Weinen aus Süddeutschland, vorzugsweise von privaten Winzern, ergänzt durch solche aus dem Rheingau und von der Mosel. Dieses Sortiment wurde erweitert durch interessante Weine aus allen Anbaugebieten der Welt.

Trotz der Straffung kann der Kunde im Weinhandel immer noch aus über 550 Weinen auswählen. In der Weinstube hat der Gast die Wahl aus 40 offen ausgeschenkten Weinen. Wen der Hunger plagt, dem steht eine kleine Speisekarte mit frisch zubereiteten schwäbischen Spezialitäten zur Verfügung.

Die Doppelbelastung, zwei Unternehmen zu leiten, bewältigt Andreas Scherle, da ihm die Arbeit nicht nur Spaß macht, sondern weil sie ihm auch Berufung ist. Er ist heute im Bohnenviertel anerkannt, es gefällt ihm hier ausnehmend gut. Der „Stetter" ist weit über das Bohnenviertel hinaus eine Institution, und noch immer ist, beim „Stetter" einzukehren, so etwas wie Kult. Das „Stetter" heute ist ein gelungenes Beispiel dafür, dass der Spagat zwischen Tradition und Moderne zu bewältigen ist. Auch in diesem Sinn passt das Weinhaus „Stetter" hervorragend ins Bohnenviertel.

Die Kanalstraße

In der Kanalstraße kann man auch heute noch – zumindest auf der rechten Seite – erkennen, wie klein die Häuser einst waren. Sogar heute noch stadtbekannt ist die Weinstube „Zur Kiste", die sich in der Kanalstraße 2 befindet. Sie ist über mehrere Stockwerke verteilt und besitzt auch einen kleinen Außenbereich. Wer enge Berührung mit dem Nachbarn nicht mag, sollte sich bei einem Besuch in der „Kiste" einen Stuhl erobern. Auf den Bänken herrscht immer eine

Drucketse, und man ahnt gar nicht, wie viele Leute auf einer kurzen Bank Platz finden können!

Das Lokal gehörte ursprünglich dem Hofkutscher Ringwald, der seinen Dienst bei König Wilhelm I. quittieren wollte, weil er annahm, als Privatkutscher mehr zu verdienen. Der König hingegen wollte seinen Kutscher nicht verlieren und bot Ringwald an, mit königlicher Unterstützung das gerade zum Verkauf stehende Häuschen in der Kanalstraße zu erwerben und dort einen Ausschank für das frisch in Mode kommende bayerische Bier einzurichten, sozusagen als Nebenerwerb. Der Kutscher ging auf den königlichen Vorschlag ein, und Frau und Tochter kümmerten sich um die Gäste. Man erzählte sich auch, dass sich der König manchmal ein Bier und eine Schützenwurst aus der „Kiste" ins nahe Wilhelmspalais bringen ließ.[79]

Der Name der Gastwirtschaft rührt übrigens von einer Haferkiste her, die für die Pferde der Fuhrleute vor der Gaststätte bereitstand. Heute ist diese Kiste natürlich verschwunden, aber das Wirtshausschild zeigt sie noch immer. Die „Kiste" ist wegen ihres Weinangebots und ihrer gediegenen schwäbischen Speisekarte bis heute eine Institution, und es ist nicht leicht, dort einen Platz zu bekommen.

Nach Hermann Lenz gibt es aber noch eine andere Möglichkeit, wie die Weinstube zu ihrem Namen kam: Angeblich hatten Studenten zu Zeiten des Hofkutschers Ringwald eine vergoldete Kiste über ihrem Stammplatz in der Weinstube aufgehängt.[80] Na ja, die andere Version klingt plausibler, denn wie sollten Studenten, die ja meist kein Geld haben, zu einer vergoldeten Kiste kommen?

Zwei Generationen der Familie Bräuninger führten die Wirtschaft, dann ging sie vor 20 Jahren an Ernerose Wenger über, deren Tochter Heike Hauschke heute die Weinstube betreibt. Aber im Wesentlichen ist alles beim Alten geblieben, wenn man vom notwendig gewordenen Handyverbotsschild mal absieht.

Direkt neben der „Kiste" ist heute das Schriftstellerhaus, nicht zu verwechseln mit dem Literaturhaus im Bosch-Areal. Im Schriftstellerhaus können Stipendiaten in Ruhe wohnen, arbeiten und bei Lesungen ihre Werke präsentieren. Auch kleine Veranstaltungen finden dort statt. Aber wirklich nur kleine, denn das Haus selbst ist mit 4,58 Meter Breite doch sehr schmal. In der Tiefe misst es eher noch etwas weniger. Dafür ist es ca. 11 Meter hoch und hat immerhin vier Stockwerke. Zwei Gästezimmer stehen zum Übernachten für Autoren und Übersetzer zur Verfügung und werden auch rege nachgefragt. Immerhin kommt das Schriftstellerhaus auf rund 350 bis 400 Übernachtungen pro Jahr.

Wie viele andere Gebäude im Quartier hätte auch dieses Haus abgerissen werden sollen. Doch Johannes Poethen, Architekt und Schriftsteller, erkannte den besonderen Charakter des Hauses, das immerhin aus dem 17. Jahrhundert stammt und zwei Weltkriege überstanden hat, und konnte den damaligen Oberbürgermeister Manfred Rommel davon überzeugen, dass sich der Erhalt des Hauses lohnen würde. Heute ist das Schriftstellerhaus eine wichtige kulturelle Institution der Landeshauptstadt geworden.[81]

Die Situation nach dem Ersten Weltkrieg und den nachfolgenden unruhigen Zeiten war auch in Stuttgart schwierig. Brot z. B. bestand nur zu zwei Dritteln aus Mehl und zu einem Drittel aus etwas anderem wie Kartoffeln, Mais, Steckrüben oder Ähnlichem. Vieles wurde teurer z. B. Eier, Fleisch, auch Straßenbahn fahren. Unter diesen Erhöhungen litten vor allem die ärmeren Leute, wie sie u. a. im Bohnenviertel lebten.[82]

Die Bewohner und Bewohnerinnen der inneren Stadtteile Stuttgarts zog es zunehmend hinaus in die Randgebiete, die auch starken Zulauf von Auswärtigen hatten. Das Bohnenviertel musste einen Bevölkerungsschwund von über 7 Prozent hinnehmen, während z. B. das Praggebiet um 18 Prozent, das um den Kornberg sogar um 27 Prozent wuchs.[83]

Das Bohnenviertel und der Nationalsozialismus

Das Bohnenviertel wäre fast ein Opfer nationalsozialistischer Stadtplanung geworden. Wie in anderen Lebensbereichen, sollte auch in der Architektur der NS-Machtgedanke verdeutlicht werden. „Bauten der Gemeinschaft" sollten vor allem in der Innenstadt im Vordergrund stehen, nicht etwa private Bauten, seien es Wohn- oder Geschäftshäuser.

So sollte letztlich auch die Stuttgarter Innenstadt im nationalsozialistischen Sinne umgestaltet werden. Um es vorwegzunehmen: Die Planungen wurden wohl hauptsächlich wegen der angespannten Wirtschaftslage nicht ausgeführt.

Die Stadt Stuttgart bemühte sich, „Führerstadt" zu werden, und dazu wurden bombastische Großbauten benötigt. So gab es zahlreiche Planungen und Wettbewerbe, bei denen sich vor allem drei Architekten hervortaten: Paul Bonatz, Constanty Gutschow und Peter Grund. Insbesondere die Ideen von Peter Grund bedrohten das Bohnenviertel in seiner Substanz: Das Neue Rathaus sollte ins Bohnenviertel verlegt, die Esslinger Straße stark verbreitert werden, flankiert von Geschäftshäusern. Sowohl Rathaus als auch die Geschäftsbauten waren als Monumentalbauten geplant und sollten mit einem ebenfalls noch zu bauenden „Parteiforum" auf der anderen Seite der damaligen „Danziger Freiheit", dem heutigen Charlottenplatz, verbunden werden. Der Charakter des Bohnenviertels wäre damit vollständig zerstört worden.

Wie überall wurden während des Nationalsozialismus auch im Bohnenviertel bei den entsprechenden Anlässen die Hakenkreuzfahnen gehisst. Dafür gab es an den Häusern an den äußeren Fenstersimsen besondere Halterungen, in die man kleine Fähnchen stecken konnte.

Viele Kinder des Bohnenviertels wurden während des Krieges aufs Land geschickt. Man hoffte, dass sie dort eher in Sicherheit wären als in der Großstadt. Die nahe gelegene Jakobsschule, in die auch die Kinder des Bohnenviertels gingen, soweit sie keine höhere Schule besuchten, wurde deshalb 1943 geschlossen. Die wenigen Kinder, die nicht aufs Land verschickt worden waren, mussten in die entferntere Wagenburgschule gehen. Erst im Oktober 1945 fand der Unterricht wieder in der Jakobsschule statt.

In der Rosenstraße 39 wohnte damals ein strammer Nazi, das wusste man, und am Leonhardsplatz befand sich das Büro der Ortsgruppe der NSDAP. Manche Bewohner und Bewohnerinnen des Bohnenviertels glaubten noch im April 1945 an den „Endsieg", zu einer Zeit, als die französischen

Truppen bereits von Degerloch aus auf die Innenstadt zumarschierten. Wenigstens wurde Stuttgart kampflos übergeben und so weiteres unnötiges Blutvergießen verhindert.

Auch wenn die Monumentalbauten letztendlich wegen des Zweiten Weltkrieges nicht mehr verwirklicht wurden, gibt es noch heute Nachwehen der nationalsozialistischen Stadtplanung. Denn beim Wiederaufbau in der frühen Nachkriegszeit wurde teils auf Stadtplaner der Nazizeit und auch auf die Planungen selbst zurückgegriffen, zumindest was die Straßenführung angeht.

Das Bohnenviertel wurde, wie weite Teile der Innenstadt insgesamt, im Zweiten Weltkrieg in großen Teilen zerstört. Ein Schadensplan von 1945 verdeutlicht dies.[84]

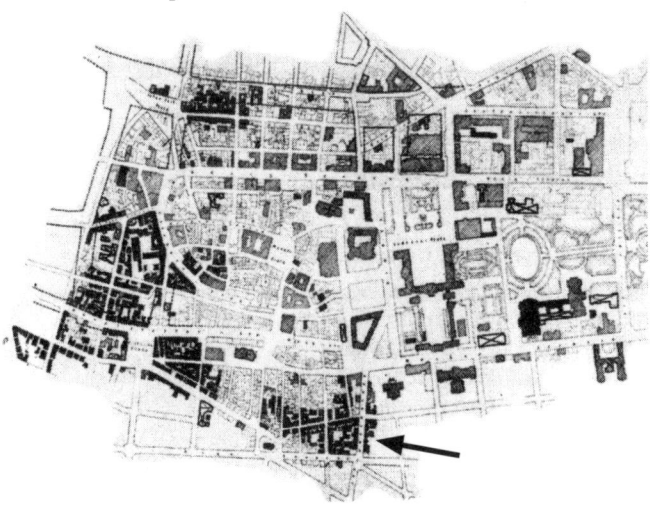

Abb. 17 Schadensplan mit dem zerstörten Bohnenviertel

Dabei blieben nur die schwarzen Gebäude erhalten, die hellen wurden zerstört. Dies galt auch für Teile des Bohnenviertels, vor allem für die Bereiche entlang der Esslinger Straße.

Stolpersteine im Bohnenviertel

An die ganz dunklen Seiten des Nationalsozialismus erinnern die Stolpersteine, die man auch im Bohnenviertel finden kann. So z. B. vor dem Haus Rosenstraße 35, wo man fünf Stolpersteine, kleine ins Pflaster eingelassene Quader aus Messing vorfindet, die an das tragische Schicksal früherer Bewohner und Bewohnerinnen des Hauses erinnern.

Bei den „Stolpersteinen" handelt es sich um das Kunstprojekt für Europa des Künstlers Gunter Demnig. Dieses Projekt erinnert an die Vertreibung und Vernichtung der jüdischen Bevölkerung, der Sinti und Roma, der Homosexuellen, religiös und politisch Verfolgter und der Euthanasieopfer während der nationalsozialistischen Gewaltherrschaft. Die Stolpersteine werden am letzten selbst gewählten Wohnort der Opfer verlegt. Wenn man sie lesen will, muss man sich verneigen. Im Talmud heißt es: *„Ein Mensch ist erst vergessen, wenn sein Name vergessen ist."* Mittlerweile gibt es rund 40 000 Stolpersteine, nicht nur in Deutschland.

Hier, in der Rosenstraße 35, lebten bis zum Herbst 1939 Rebekka Sander und ihr Sohn Ernst sowie Elise Amalie (oder auch Alice) Horwitz mit ihren Töchtern Margot und Ruth und ihrer Tante Henriette Ottenheimer. Für alle fünf Personen war dies ihr letzter frei gewählter Wohnort. Alle zogen im Laufe des Jahres 1936 in den ersten Stock des Hauses ein und mussten im Herbst 1939 das Haus verlassen und in die Seestraße 64, ein sogenanntes „Judenhaus", ziehen. Das Haus Rosenstraße 35 hatte eine „arische" Besitzerin.

Alice Horwitz, die geschieden war und somit alleinerziehend, kam nach Stuttgart, weil sie hoffte, dass ihre Töchter hier die neu gegründete Jüdische Schule besuchen konnten, da ihnen ja der Besuch einer anderen Schule verwehrt war.

Ernst Sander und seine nicht-jüdische Frau zogen im April 1937 zu Alice Horwitz ins Haus. Ernst Sander, der vor dem Nationalsozialismus ein erfolgreicher und gut verdienender Autoverkäufer gewesen war, musste sich seinen Lebensunterhalt als Autowäscher verdienen. 1941/42 arbeitete er als Bürogehilfe bei einem Rechtsanwalt.

Nach der Reichspogromnacht am 9. November 1938 holten die jüdischen Bewohner der Rosenstraße 35 ihre älteren Verwandten, die auf dem Land lebten, zu sich nach Stuttgart. So kam auch Moses Blumenstiel aus Frankenthal in die Rosenstraße. Er war der Vater von Alice Horwitz. Etwas später kam noch Henriette Ottenheimer dazu, die Schwester von Moses Blumenstiel. Auch Rebekka Sander, die schwer kranke Mutter von Ernst Sander, kam in die Rosenstraße 35.

Die treibende Kraft, die alles zusammenhielt, war wohl Alice Horwitz, die eine Anstellung als Fürsorgerin bei der

Jüdischen Gemeinde fand. Ab Anfang 1942 endete die Gemeinschaft gezwungenermaßen nach und nach. Alice Horwitz gelang es noch, ihre Tochter Ruth in einem Kindertransport nach England unterzubringen und somit deren Überleben zu sichern. Fast alle anderen Mitbewohner der Rosenstraße 35/I wurden z. T. über Zwischenstationen in sogenannten „Altersheimen" in Theresienstadt, Auschwitz und Izbica (Bezirk Lublin) ermordet. Ernst Sander starb im August 1943 in einem Horber Krankenhaus, nach dem er die Deportation seiner gelähmten Mutter erleben musste.

Abb. 18 Stolpersteine vor der Rosenstraße 35

Auch diese Geschichte ist Teil des Bohnenviertels und Mahnung an Gegenwart und Zukunft.

Die Griechen erobern das Bohnenviertel

1941/42 wurden von den Nazis auch Griechen nach einer Gesundheitsprüfung für „kriegswichtige" Betriebe in Deutschland verpflichtet.[85] Nach dem Krieg sollten die überlebenden Griechen erneut als Soldaten in ihre Heimat zurückkehren, wozu aber die wenigsten Lust hatten. Hatten sie doch gerade erst einen Krieg überstanden! So verkrochen sie sich erst einmal in verlassenen Kellern. Dann änderte sich die Situation zum Guten, die griechischen Männer erhielten eine Aufenthaltserlaubnis und bekamen hier Arbeit. Da viele deutsche Männer im Krieg gefallen waren, gab es auch die ersten deutsch-griechischen Hochzeiten. Um aber dennoch ein Stück griechische Heimat zu bewahren, gründeten 155 der 285 griechischen Mitbürger, die 1955 in Stuttgart lebten, die „Griechische Gemeinde", die ihren ersten Sitz im Institut für Auslandsbeziehungen hatte,[86] bevor sie das Gebäude Rosenstraße 26, eine ehemalige Glaserei, beziehen konnte. Zu diesem Zeitpunkt (1961) zählte die „Griechische Gemeinde" bereits 3604 Mitglieder. Von ihrem Stammlokal im Stuttgarter Westen führte ein feierlicher Zug ins Bohnenviertel, um das neue „Griechische Zentrum" zu eröffnen. Dort fand sich auch ein Büroraum für den griechischen Pfarrer, der den Ostergottesdienst nach griechisch-orthodoxem Ritus in der evangelischen Leonhardskirche abhalten durfte. Ein Höhepunkt des kulturellen Lebens und der Verbundenheit mit der neuen Umgebung stellte eine zweisprachige Lesung im nahen Gustav-Siegle-Haus Ende März 1979 dar, bei der u. a. Thaddäus Troll, Margarete Hannsmann und Johannes Poethen mitwirkten.[87] Es gab Tänze und Gesang und vor allem eine prächtige Stimmung! 1980 musste die griechische Gemeinde wegen der Sanierung des Viertels das Haus in der Rosenstraße räumen. Obwohl die neuen Räumlichkeiten zunächst außerhalb des Bohnenviertels lagen, ist nach dessen Sanierung wieder ein Stück Griechenland ins Bohnenviertel eingezogen.

Lokale wie das bei Jung und Alt gleich beliebte „Odyssia" in der Brennerstraße, wo bei warmem Wetter hoch konzentrierte Schachspieler an den Tischen im Freien sitzen, und vor allem „Wulla", die rührige Wirtin der Gaststätte „Brett" (Ecke Wagner- und Weberstraße) sorgen dafür, dass durchs Bohnenviertel auch griechisches Flair weht. Im „Brett" bekommt man sogar hausgemachte gefüllte Weinblätter, lauwarm serviert mit einer köstlichen Soße.

Die Gaststätte „Brett", in dem markanten, unter Denkmalschutz stehenden Gebäude aus der Zeit um 1900, kennt jeder. Die Fassade im typischen Stil des Historismus, eine Mischung aus Neogotik und -renaissance, fällt auf.

Abb. 19 An der Theke im „Brett"

Frau Kokozidou, genannt „Wulla", ist seit 1984 als Gastronomin tätig, als sie für ihren Bruder einspringen musste, der zu dieser Zeit die Gaststätte „Türmle" betrieb. Das „Türmle" war damals noch eine seriöse Gaststätte, im „Hotel" darüber lebten Sozialhilfeempfänger und Flüchtlinge, die die Stadt dort einquartiert hatte – keine ganz einfache Nachbarschaft! Der heutige Bordellbetrieb im „Türmle" etablierte sich erst später.

Trotz aller Schwierigkeiten machte ihr die Arbeit als Wirtin viel Freude. Nach mehreren Zwischenstationen wurde ihr 1999 die Gaststätte „Brett" angeboten, und sie griff zu. Eine der wenigen richtigen Eckkneipen mit wilder Geschichte: In den 1960er- und 1970er-Jahren ein Treffpunkt der 68er, von Künstlern und solchen, die sich dafür hielten. Da ging auch schon mal ein Joint im Kreis herum. Aber es fanden auch kleine Konzerte statt, so hatte z. B. die Gruppe

„Zupfgeigenhansel" dort einen ihrer ersten Auftritte vor Publikum.

Von diesem Flair war allerdings Ende der 1990er-Jahre nichts mehr übrig. Es kostete Frau Kokozidou viel Mühe und Arbeit, das etwas verlotterte Lokal wieder auf Vordermann bzw. Vorderfrau zu bringen. Im Lokal fällt eine Porträtgalerie auf. Das wären alles Fotos von Stammgästen, die ein Hobbyfotograf, ebenfalls Stammgast, im Lauf der Jahre geknipst hatte, erklärt sie. Der Fotograf ist inzwischen leider verstorben. Zu ihren Stammgästen gehörte auch der Maler Tasso Athanasiadis, dessen Bilder aus dem Bohnen- und Leonhardsviertel ihn regional bekannt machten.

Das „Brett" ist damit etwas, was es heute im Zeitalter der Szene- und „Trend-Locations" kaum mehr gibt: eine grundsolide Eckkneipe, einfach, aber ehrlich. Unter seinen Gästen trifft man Angehörige aus allen Schichten und Regionen. Ganz intensiv wird das „Brett" von vielen Bewohnern und Bewohnerinnen aus der Nachbarschaft genutzt: Im Sommer trifft man sich mit Freunden und Nachbarn draußen im Biergarten, am Samstag zum Fußballschauen, und an Weihnachten hilft das „Brett", der Feiertagsdepression zu widerstehen. Das macht das „Brett" zu einem sozialen Treffpunkt, für viele seiner Gäste ist es das zweite Wohnzimmer. Oder doch eher das einzige?

Natürlich beteiligt man sich auch am Bohnenviertelfest mit einem Stand im Freien. Da helfen alle mit: Familie, Freunde, Bekannte. Und für die Kokozidous ist es „Ehrensache", dass jedes Jahr wieder alles klappt.[88]

Das Bohnenviertel heute

Das Gesicht des heutigen Bohnenviertels ist leider nicht zuletzt durch seine Parkhäuser geprägt. Auch wenn für Ulrich Gohl das Breuninger-Parkhaus „das schönste Parkhaus der Stadt ist",[89] ist der Klotz im Viertel eigentlich fehl am Platz. Das Breuninger-Parkhaus wurde mit seinen ältesten Teilen bereits 1959 von den Architekten Walter Foerster und Rainer Czermak erbaut. Damals bestand es aus der Tankstelle im Erdgeschoss, dem Aufzugsturm, einem Treppenhaus und zwei Parkgeschossen. Durch die mattschwarzen Schieferplatten des Turms hob es sich positiv von den Waschbetonfronten anderer Parkhäuser ab. Damals, Ende der 1950er-Jahre, gehörte das Auto zum „Wirtschaftswunder" und war unangefochtenes Statussymbol. Für den Entwurf wurden die beiden Architekten 1963 mit dem Paul-Bonatz-Preis ausgezeichnet. Der Schriftsteller Hermann Lenz verglich die Geschosse des Breuninger-Parkhauses weniger schmeichelhaft mit „liegende(n) Raketen".[90]

1966 wurde das Parkhaus aufgestockt, und zwei Jahre später kam der Anbau Richtung Charlottenplatz hinzu, was wohl den ursprünglichen Eindruck etwas minderte. Jetzt, im Sommer 2013, befindet es sich wieder im Umbau. Die Tankstelle ist bereits verschwunden, aber vermutlich wird es seinen Charakter als „Klotz" leider nicht verlieren.

Die Sanierung des Viertels

Obwohl das Bohnenviertel im Krieg stark zerstört wurde, konnte es sich dennoch seine Struktur im Wesentlichen erhalten. Es war – ähnlich wie heute – eine Mischung aus Handwerk, Gewerbe und Wohnbebauung. Allerdings stag-

Abb. 20 Blick ins Viertel vor der Sanierung

nierte die Entwicklung des Quartiers, weil die Stadt Stuttgart hier das Technische Rathaus und ein Behördenzentrum plante und aus diesem Grund zahlreiche Grundstücke aufkaufte, deren bestehende Gebäude abgerissen werden sollten. Natürlich wurde nichts mehr in diese Häuser investiert, und das Quartier verwahrloste immer mehr.

Im Mai 1976 gründete sich im Bohnenviertel eine Bürgerinitiative, die umgehend in der Weberstraße 106 ein Informationsbüro einrichtete und sich für den Erhalt des Quartiers einsetzte. Eigentlich wollte die Stadt das Haus Weberstraße 106 wie andere Häuser auch abreißen, was aber durch die Bürgerinitiative verhindert werden konnte. Die Initiative wartete mit einer ganzen Reihe konkreter Vorschläge auf und organisierte im August 1976 auch die erste Hocketse mit Drehorgelmusik und Bohnensuppe, und zwar im ehemaligen Judenhof in der Rosenstraße. Einzelne Stadträte wie Helmut Doka begrüßten die Initiative.

> *„Sie tun damit gleichzeitig etwas für alle übrigen Stuttgarter, denn sie sorgen dafür, daß das Bohnenviertel das bleibt oder wieder wird, als was es uns allen lieb ist: ein Platz zum Wohnen und Leben, ein Platz mit einem Hauch Alt-Stuttgart, wo man sich mit seinen Freunden treffen und mit auswärtigen Gästen bei einem gemütlichen und preiswerten Viertele sitzen kann.*
> *Die Arbeit der Bürgerinitiative wird nicht leicht sein, wie ich aus eigener Erfahrung der Mitarbeit in Bürgerinitiativen weiß. Ich habe dort aber auch die Über-*

zeugung gewonnen, daß Bürgerbeteiligung der einzige
Weg ist, die offiziellen Planungen entscheidend zu be-
einflussen und zu verbessern. Die Bürger im Bohnen-
viertel sollten daran denken: kein Planer (und erst recht
kein Hochhausbauer) kennt das Bohnenviertel so gut
wie einer aus dem Bohnenviertel! ... "[91]

Da die angestrebte Verkehrsberuhigung in der Rosenstraße immer noch auf sich warten ließ, wurde eines Samstagvormittags eine Protest-Hocketse in der Rosenstraße veranstaltet. Statt Autos, die durch die Rosenstraße in Scharen ins Breuninger-Parkhaus drängten, standen Tische und Bänke mitten auf der Rosenstraße, und die Drehorgel sorgte für eine gute Stimmung. Die Polizei leitete den Verkehr in vorbildlicher Weise um. Heute ist die Rosenstraße übrigens Fußgängerzone!

Auch das Haus Rosenstraße 36 konnte – wie manches andere Haus – dank der rührigen Initiative gerettet werden. Das Barockgebäude, in dem sich heute der anthroposophische Kindergarten Allereirauh befindet, war vom Verfall bedroht und sollte dem Bagger zum Opfer fallen. Heute ist es ein Schmuckstück!

Die drastischste Maßnahme der Bürgerinitiative „Bohnenviertel" war jedoch die spektakuläre Mistaktion, mit der der prämierte Architekturwettbewerbsvorschlag Nr. 49 als unannehmbar gekennzeichnet wurde. Dieser Vorschlag sah entlang der Charlottenstraße einen Büropalastriegel vor und, mit Abstand dahinter, einen zweiten wuchtigen Riegel mit Wohnungen. Der Charakter des Bohnenviertels wäre damit zerstört gewesen. Eine Fuhre Mist bei der Pressekonferenz brachte die Ablehnung deutlich und eindeutig zum Ausdruck!

Es dauerte aber noch lange, bis zumindest ein Teil der Vorstellungen der Bewohner und Bewohnerinnen des Bohnenviertels von der Stadtverwaltung übernommen und realisiert wurde. Die Bürgerinitiative hatte da schon ihre Arbeit frustriert eingestellt. Dennoch ist es auch ihr zu verdanken, dass der Gemeinderat der Landeshauptstadt Stuttgart den Beschluss fasste, das Bohnenviertel als Wohngebiet zu erhalten und dass auch das spezifische Milieu des Quartiers so bleiben sollte. Nur in Ausnahmefällen sollten Gebäude abgerissen werden. Auch die Gewerbebetriebe und das Wohnumfeld sollten im Quartier bestehen bleiben.

Das war verständlicherweise ein Sieg für die aufmüpfigen Bewohner und Bewohnerinnen des Bohnenviertels, die in zahlreichen Aktionen für den Erhalt ihres Viertels gekämpft hatten. Tatsächlich gab es viel zu tun: Die LEG (Landesentwicklungsgesellschaft Baden-Württemberg mbH) führte eine umfassende Bestandserhebung durch, die zum Teil überraschende Ergebnisse brachte. So stellte man fest, dass es auf diesem doch eher kleinen Raum 125 Gewerbebetriebe mit 762 Beschäftigten und 811 Einwohner gab. Ein solches Verhältnis findet sich sonst in der ganzen Stadt nicht. Außerdem stellte der Bericht der LEG damals schon fest, dass

Drogenhandel und Prostitution sich negativ auf das Quartier auswirkten.

Die Bevölkerungszahl im Bohnenviertel war damals deutlich rückläufig: 1971 wohnten noch knapp 1200 Personen im Bohnenviertel, 1977 jedoch nur noch rund 800, also ein Schwund von immerhin einem Drittel. Fast 50 Prozent der Einwohner hatten einen Migrationshintergrund, und 36 Prozent waren ältere Alleinstehende über 65 Jahre.

Wesentlicher Gesichtspunkt bei der geplanten Sanierung war, dass die Bewohner und Bewohnerinnen ebenso wie die Gewerbetreibenden auch weiterhin im Bohnenviertel bleiben konnten, also keine Luxussanierungen vorgenommen wurden, die die Mieten unerschwinglich in die Höhe trieben.

Insgesamt wurden die Sanierungspläne des Viertels begrüßt und den Mitarbeitern und Mitarbeiterinnen der LEG offen und gerne die gewünschten Auskünfte gegeben, sodass zum einen ein umfassendes Bild der Ist-Situation entstand, zum anderen die Wünsche und Befürchtungen der Gewerbetreibenden und der Bewohner und Bewohnerinnen des Bohnenviertels deutlich wurden.

Das Ergebnis kann sich sehen lassen: Aus dem kriegsgeschädigten, maroden Stadtquartier ist ein Sahnestückchen geworden, an dem zwar noch manches verbesserungswürdig ist, das sich aber inzwischen zu einem Vorzeigeobjekt der Stadt Stuttgart gemausert hat.

Abb. 21 und 22 Wagnerstraße 44: vor und nach der Sanierung

Das Bohnenviertelfest und der Handels- und Gewerbeverein Bohnenviertel

Das Bohnenviertelfest und der Handels- und Gewerbeverein sind eng miteinander verknüpft. Schon vor der Sanierung saßen Bewohner und Bewohnerinnen und Gewerbetreibende oft gemütlich in Höfen oder vor den Häusern beisammen und ließen es sich gut gehen.

Im Lauf der Zeit entwickelte sich ein kleines Straßenfest daraus, das immer weiter wuchs. Ein Fest fürs ganze Quartier scheiterte zunächst an der Stadtverwaltung, konnte aber im Jahr darauf verwirklicht werden. Allerdings gab es nun

Abb. 23 Vor der Sanierung: Picknick der Bewohner und Bewohnerinnen im Hof

ein anderes Problem, nämlich die notwendige Versicherung. Wollte eine Privatperson das Fest versichern, wurde, wenn man überhaupt eine Versicherung fand, eine horrende Summe fällig.

Die Lösung des Problems bestand aus der Gründung eines Vereins, der für das Fest verantwortlich zeichnete. Das war die Geburtsstunde des Handels- und Gewerbevereins Bohnenviertel, der bis heute besteht. Ein paar engagierte Gewerbetreibende, Gastronomen und andere, nahmen die bürokratischen Hürden und gründeten den Verein. 1991 gab es das erste Bohnenviertelfest im Quartier, zu dem auch eine Festzeitung erschien, für die der damalige Oberbürgermeister Manfred Rommel sogar ein Grußwort schrieb.

Wie in anderen Vereinen auch gab es zwar immer wieder Querelen, aber der Verein besteht weiter und wird hoffentlich noch lange im Quartier aktiv sein.

Manch einer bedauert, dass das Bohnenviertelfest heute so kommerziell geworden ist. Das liegt aber nur bedingt an den Veranstaltern, sondern zum Teil auch an den ständig zunehmenden Vorschriften, deren Einhaltung immer teurer wird. Sanitäter, Security-Personal, Fluchtwegepläne usw., und das alles will bezahlt werden.

Schön ist, dass sich immer noch ein paar Bewohner und Bewohnerinnen aktiv am Fest mit einem Stand beteiligen und es so zu einem Fest für alle machen. Vereinzelt gibt es auch diejenigen, die sich durch das Fest gestört fühlen: An drei Abenden im Jahr ist es eben länger bis in die Nacht hinein laut im Quartier. Da hilft nur eins: Mitmachen!

Der große Besucherandrang beim Bohnenviertelfest zeigt, wie beliebt das Fest in der Stadt geworden ist, und mittlerweile gilt es als das schönste Stadtfest in Stuttgart. Natürlich freuen sich alle im Quartier, wenn die zahlreichen Fest-Besucher und -Besucherinnen auch mal nach dem Fest wieder im Viertel vorbeischauen.

Ein Bohnenviertler mit Leib und Seele: Axel Heldmann

Auch Axel Heldmann, der jetzige Vorsitzende des Handelsund Gewerbevereins Bohnenviertel, ist von diesem Viertel geprägt worden. Seine Eltern betrieben im Hochhaus am Charlottenplatz ein Restaurant und wohnten auch dort im sechsten Stock. So konnte der junge Axel Heldmann immer den Blick über das Viertel schweifen lassen.

In dieser Zeit entstand seine Liebe zu diesem Viertel, obwohl es damals noch deutlich „schummriger" war. Die Sanierung sollte ja erst noch kommen. Aber es war nicht „Schummrigkeit", die den jungen Mann anzog, sondern das besondere Flair, das auch trotz jahrelanger Vernachlässigung dieses Quartiers spürbar blieb. Diese Liebe zum Bohnenviertel ist geblieben, bis heute.

Aber zunächst lockte ihn erst mal die Ferne. 1980 zog er weg, ging auf Wanderschaft und kam 1993 wieder nach

Stuttgart zurück. Er pachtete gemeinsam mit seiner Frau Karen das Lokal „Der Besen" in der Rosenstraße 38 mit dem dazugehörigen Hotelbetrieb. Sein Traum war der Aufbau eines kleinen, aber feinen Stadthotels, das sich vom Ambiente und der Qualität deutlich vom Althergebrachten unterschied. Bis dahin war es jedoch ein langer und mühevoller Weg: Erst mussten die Bedenken der Vermieterin, die einer Sanierung und dem Umbau etwas skeptisch gegenüberstand, ausgeräumt werden. Dann folgte der Kampf mit dem Baurechtsamt und zu guter Letzt musste noch eine „Altlast" bereinigt werden: Vom Vorpächter hatte der frischgebackene Hotelbesitzer eine Belegung der Zimmer mit Sozialhilfeempfängern übernommen. Das war zwar einträglich, aber nicht unbedingt hilfreich, wenn man ein feines Stadthotel aufbauen will.

Im ersten Schritt wurde das Restaurant im Erdgeschoss renoviert, im Jahr 2000 begann der Umbau der Hotelgeschosse. 2006 konnte das Gebäude Rosenstraße 42 erworben werden, sodass man expandieren konnte: Der Restaurant- und Hotelbetrieb wurde durch eine Kochschule ergänzt.

Die Idee, das Hotel als individuelles Design-Hotel auszubauen, wurde durch die objektive Lage bestimmt: Um gegen die etablierten großen Häuser bestehen zu können, muss man dem Gast etwas Außergewöhnliches bieten, etwas ganz Besonderes. Und dafür war Frau Heldmann zuständig! Ihr „Händchen" für stilvolle Inneneinrichtung prägte das Design-Hotel „Der Zauberlehrling", in dem jedes Hotelzimmer anders gestaltet ist. In der Kochschule lernt man beim

Abb. 24 Axel Heldmann vor seinem Kamin (Rosenstraße)

ausgebildeten Küchenmeister Axel Heldmann, Leckeres und vor allem nicht alltägliche Gerichte zu kochen.

Jetzt sind die Heldmanns bereits über 20 Jahre im Bohnenviertel ansässig, und ihr Design-Hotel „Der Zauberlehrling" ist weit über die Region hinaus ein Begriff. Die Begeisterung für das Bohnenviertel ist ungebrochen, Axel Heldmann ist sicher, dass sich das Quartier und sein Hotel wunderbar ergänzen – zentral gelegen, aber doch in einer Oase der Ruhe mitten im Großstadt-Trubel. Für seine Gäste ist die Lage seines Hotels im Bohnenviertel eine charmante Art, Stuttgart kennenzulernen.

Axel Heldmann ist auch überzeugt, dass die Großprojekte in der Stadt (Gerberviertel, Milaneo usw.) die Wertigkeit des Bohnenviertels eher steigern werden. Denn es kann dieser modernen Architektur eine Menge entgegensetzen: nämlich ein intaktes, liebenswertes Stadtquartier mit einer einzigartigen Mischung von alteingesessenen Handwerksbetrieben, hochwertigen Einzelhändlern und einer interessanten Gastronomieszene.

Die Entwicklung der letzten 20 Jahre im Viertel ist seiner Meinung nach aber von einem „Grundfehler" geprägt: Nach der Sanierung stellte sich heraus, dass die neuen Bewohner und Bewohnerinnen nicht so recht zu den ansässigen kreativen Betrieben passen wollten. Man hätte die Mischung alteingesessener „Bohnenviertler" mit den neu Hinzugezogenen, oft sozial Schwächeren, sorgfältiger abwägen sollen. Dies hätte wahrscheinlich zu einem besseren Miteinander aller Bewohner und Bewohnerinnen im Quartier geführt. Aber vielleicht entwickelt sich dies auch noch.

Aber Axel Heldmann ist ja nicht nur Gastronom, sondern auch seit 2004 im Handels- und Gewerbeverein des Bohnenviertels engagiert und seit mehreren Jahren dessen Vorsitzender. Der Verein wurde 1991 gegründet, um das Bohnenviertelfest, das sich zu etablieren begann, abzusichern. Es gab natürlich schon vorher Feste im Quartier, meist nur für die „Einheimischen" bestimmt. Heute hat der Verein über 40 Mitglieder, von denen rund ein Viertel aktiv ist. Das ist gar nicht so schlecht. Im Gegensatz zu früher, sind es heute nicht nur die Gastronomen, die sich hier einbringen, sondern auch Einzelhändler und Handwerksbetriebe. Das tut dem Verein gut und sorgt dafür, dass eine gute

Mischung entsteht und nicht nur die Interessen der Gastronomen berücksichtigt werden.

Lange gab es Kritik am Handels- und Gewerbeverein, er habe nur das Bohnenviertelfest im Kopf, das nur für die Gastronomen von Interesse sei. Aber das hat sich geändert. Im Jahr 2013 hat es am 21. September zum ersten Mal einen „Tag des Handels, Handwerks und der Kunst" gegeben. Seit Anfang dieses Jahres führen der Verein und ein Vertreter der Wirtschaftsförderung der Landeshauptstadt Stuttgart regelmäßig Gespräche, in denen über Projekte zur Quartiersbelebung beraten wird. Diese Gespräche sind auch für interessierte Anwohner offen. Es gibt bereits viele neue Ideen, nur dauert es halt ein bisschen, bis sie realisiert werden können. Schließlich muss man für alles, was im öffentlichen Raum geschieht, bei der Stadtverwaltung einen Antrag stellen und erst nach dessen Genehmigung können neue Ideen umgesetzt werden. Da ist Stuttgart halt ein bisschen behäbig, schwäbisch eben! Aber der Weg ist der richtige, auch wenn man etwas Geduld braucht!

Axel Clesle – Ein Bohnenviertler der ersten Stunde

Wie wird man diesem Mann gerecht? Kneipier, Fotograf, Bildhauer, Schriftsteller, „Erfinder" des Sommertheaters im Bohnenviertel, Gründer der Kulturinitiative Bohnenviertel e. V., Schöpfer des HandiCaptions-Festivals, eine Veranstaltungsreihe, in der behinderte und nicht behinderte Jugendliche zusammenarbeiten. Vorgelebte Inklusion und nicht, wie so oft, nur in Sonntagsreden als notwendig beschworen.

Die Idee des Sommertheaters entstand 2004 mit der Absicht, das Bohnenviertel mit Leben und Publikum zu füllen, etwas Zusätzliches zum alljährlichen Bohnenviertelfest zu bieten. In einem malerischen Innenhof der Brennerstraße fanden Lesungen, Konzerte, Tanzdarbietungen und andere kulturelle Veranstaltungen statt. Absicht dahinter war, dem Bohnenviertel wieder etwas von dem künstlerisch-kreativen Element einzupflanzen, das es schon mal besessen hatte. Waren die ersten Jahre noch von Gastspielen „fremder" Künstler geprägt, änderte sich das 2007, als Axel eine Theaterproduktion auf die Bühne brachte, die mit im Quartier wohnenden Jugendlichen erarbeitet und umgesetzt wurde. Damit hatte er einen „Kracher" gelandet: Jugendliche, die hier kaum eine vernünftige Freizeitperspektive hatten, konnten vor einem Publikum ihr eigenes Projekt präsentieren. So ganz nebenbei wurden auch Tugenden wie Disziplin, Verlässlichkeit und Toleranz vermittelt. Auch das Beispiel, dass selbst bekannte Künstler regelmäßig übten, beeindruckte die Jugendlichen nachhaltig. Gleich die erste Produktion wurde mit dem ersten Preis des Deutsche Kinderhilfswerks – der „Goldenen Göre" – ausgezeichnet. Ab 2009 kamen auch noch Auftritte im Theaterhaus in Stuttgart dazu. Die Zusammenarbeit mit Profis bestärkte die Jugendlichen und stellte eine neue Herausforderung dar. Das heißt, vor jeder Premiere im Theaterhaus steht eine Woche harter Arbeit.

2011 begann die Zusammenarbeit mit behinderten Jugendlichen – eben das HandiCaptions-Festival. Entstanden ist dies eher aus Zufall: Im Programm des Sommertheaters stand der Auftritt einer Tänzerin mit Downsyndrom auf dem Programm. Da es an dem Abend in Strömen goss, wollte Axel eigentlich den Abend ausfallen lassen. Er war gerade dabei, Zettel anzubringen, als eine Gruppe von der Nikolauspflege vor der Tür stand, die sich nicht abwimmeln ließ. So fand der Abend doch statt. Im Gespräch mit den behinderten Jugendlichen wurde Axel Clesle schnell deutlich gemacht, dass sie ebenfalls Theater spielen wollten. Gesagt – getan, nach anfänglichen Schwierigkeiten hat sich die Gruppe aus behinderten und nichtbehinderten Jugendlichen zusammengerauft. Eine Teilnehmerin der ersten Stunde, eine Sängerin, ist inzwischen in ihrer Heimat ein regelrechter Star geworden. Jedes ihrer Videos auf YouTube erreicht über eine Million Clicks. Ein anderes Mitglied seiner Truppe wurde von Werner Schretzmeier „abgeworben" und gehört jetzt zum Theaterhaus-Ensemble. Das ist ein toller Beweis für Axel Clesles Leitmotiv: „Mit Kunst und Kultur lässt sich viel bewegen".

Ihn ärgert allerdings, dass er hier im Bohnenviertel seit Jahren erfolgreiche Arbeit mit Jugendlichen leistet, durch die im Übrigen die Stadt viel Geld für Resozialisierung spart, aber er dennoch, was Zuschüsse angeht, seit letztem Jahr immer in der Luft hängt. Das ist in einer Stadt, die so reich ist und sich Kinderfreundlichkeit auf die Fahnen geschrieben hat, mehr als verwunderlich. Wünschen wir ihm, dass sich das bald ändert.

Noch mehr kauzige Typen im Bohnenviertel

Nicht nur um die Jahrhundertwende zog das Viertel immer wieder kauzige Typen an oder brachte welche hervor, auch heute sind die Leute weniger mainstreamig als anderswo. Individualisten können sich hier ausleben. Zu ihnen gehörte auch Tasso, der Maler, der das Quartier und das benachbarte Leonhardsviertel mit seinen bunten Farben erfasste. Tasso, der mit vollem Namen Tasso Athanasiadis hieß, wohnte über der Gaststätte „Brett", die auch sein Wohnzimmer war.

Das Quartier malte er, der Autodidakt, gerne in zarten Acrylfarben, das „Milieu", so wie er es sah, hingegen in leuchtend bunten. Seine Bilder wurden u. a. auch im Bohnenviertel, im Bischof-Moser-Haus ausgestellt. 2012 starb Tasso Athanasiadis.

Abb. 25 Gemälde von
Tasso Athanasiadis

Die Schattenseiten des Quartiers

Ein großes Thema im Stadtquartier ist heute die Prostitution. War in der Vergangenheit neben anderen Gebieten in Stuttgart das Leonhardsviertel das Rotlichtquartier, das sogar in einem Bienzle-Tatort eine Rolle spielte, schwappt nun das Rotlicht auch auf das Bohnenviertel über. „Rotlicht ohne Grenzen" sozusagen. Vor allem zwei fragwürdige Etablissements spielen hier eine unrühmliche Rolle: die beiden sogenannten Hotels „Dieter" und „Türmle", die mitnichten Hotels sind, sondern Bordelle. Natürlich gab es auch in der Vergangenheit schon Bordelle im Quartier, aber die Mädels wurden nicht auf die Straße geschickt, sondern blieben drinnen und warteten auf Kundschaft. Die jungen Frauen, die im „Türmle" oder im „Dieter" arbeiten, müssen aber auf die Straße und sich aktiv um neue Kunden kümmern, sprich Männer ansprechen. Das stößt verständlicherweise manchen ab. Der eine oder andere Hausbesitzer profitiert jedoch von diesem Unwesen. So werden Zimmer zum Wohnen (nicht für die Arbeit) pro Nacht und Person für 20 EUR vermietet, jedes Zimmer wird dabei an zwei Mädchen vermietet. Macht pro Nacht 40 EUR mal 30 Nächte, ergibt in einem Monat die stolze Summe von 1200 EUR. Selbst in Stuttgart, das ja nicht gerade für günstige Mieten bekannt ist, erhält man dafür normalerweise eine ansehnliche Wohnung. So profitieren einige von der Notlage der Mädchen, von denen man nicht weiß, ob sie freiwillig hier sind oder gezwungen wurden.

Aber das ist nur ein Gesicht des Bohnenviertels und nicht das wesentliche. Das Bohnenviertel lebt heute von seiner aparten Mischung aus schicken Läden, ansprechender Gastronomie und Handwerker-Werkstätten.

In vielen Gesprächen mit Anwohnern, Touristen und regelmäßigen Besuchern des Quartiers (und hier ist natürlich auch ihr weiblicher Anteil gemeint) wurde immer wieder bemängelt, dass es kein Tagescafé mehr gibt. Es gibt natürlich das alteingesessene Koenig X, eine Konditorei und Bäckerei, wo man auch vor Ort den gerade erstandenen Kuchen gleich aufessen kann und das „Hüftengold", das aber mehr Bistro-Charakter hat. Beim Koenig X, das sich früher in der Esslinger Straße befand, vor wenigen Jahren aber in die Wagnerstraße umgezogen ist, werden auch Weizenallergiker gut bedient, denn extra für sie gibt es auch Dinkelgebäck, alles natürlich aus ökologischem Anbau.

Immer wieder wird nach dem „BitterSweet" gefragt, einem kleinen Laden, der sich im Hinterhof der Wagnerstraße 38a befand, aber leider schließen musste. Eigentlich war der Laden, der Geschenkartikel, Kaffee, ausgefallene Kakaosorten, aber auch Kuchen und Getränke zum Verzehr vor Ort anbot, eine Erfolgsstory. Die Kunden und Kundinnen liebten den Laden und den Hof, wo man gemütlich sitzen und sich in Ruhe den Kuchen schmecken lassen konnte.

Leider gab es Ärger, weil der erste Besitzer mit seinem Team gerne bis in die Nacht feierte und dies zu verständlichen Protesten aus der Nachbarschaft führte. Schließlich wechselte das „BitterSweet" seinen Inhaber und vier engagierte junge Leute übernahmen den Laden. Bald hatten sie sich ihre Kunden und Kundinnen erobert: Vor allem junge Mütter mit kleinen Kindern saßen gerne im Hof und im Laden. Eigentlich lief alles prima: Die jungen Leute feierten keine nächtlichen Feste, brachten durch neue Kundengruppen mehr Leben ins Quartier, gingen auf die Anliegen der Nachbarn ein … Tja, trotzdem hat es nicht funktioniert: Klagen aus der Nachbarschaft häuften sich wegen der Kinder im Hof: Sie wären zu laut, man könnte sich in der anliegenden Wohnung nicht unterhalten usw. Das „BitterSweet" erhielt zunehmend mehr Auflagen, sodass ein wirtschaftlich rentabler Betrieb nicht mehr möglich war. Aus, Ende!

Trotzdem lebt das „BitterSweet" in gewisser Weise noch weiter. Es wird immer noch danach gefragt, und viele erinnern sich gerne an den kleinen Laden, der so phänomenalen Kuchen verkaufte. Touristen sind in der Regel sehr enttäuscht, wenn sie erfahren, dass es das „BitterSweet" nicht mehr gibt, zumal es lange keine Alternative gab. Dank dem ganz neuen Kaffeehaus „s'Böhnle" von Claudia Hache kommen Kaffeeliebhaber jetzt aber voll auf ihre Kosten. Im „s'Böhnle" kann man gemütlich exquisiten Kaffee trinken oder ihn für zu Hause kaufen. Ein Besuch lohnt sich!

Die Sonnenseiten des Viertels

Mittlerweile ist das Bohnenviertel auch in die Literatur eingegangen. Der Schriftsteller Wolfgang Schorlau hat ihm in seinen Kriminalromanen ein literarisches Denkmal gesetzt: Sein Detektiv Georg Dengler wohnt (in den Romanen natürlich) über der Weinstube „Basta", dessen kahlköpfiger Kellner auch in jedem Krimi erwähnt wird. Die Weinstube „Basta" gibt es natürlich in der Wagnerstraße, auch der „kahlköpfige Kellner" existiert, wenn er auch kein Kellner ist, sondern der Inhaber der Weinstube. Markus Pfrommer, so heißt die namenlose Romanfigur im wirklichen Leben, würde als Kellner im Roman gerne mal einen Satz sprechen dürfen und hofft nun, dass ihm dies in einem der nächsten Dengler-Romane auch zugestanden wird. Wer will denn immer nur schweigen? Nun ist es Wolfgang Schorlau, selbst oft Gast in der Weinstube „Basta", der zu diesem Wunsch erst mal schweigt.

Partnertausch

Der kahlköpfige Kellner brachte eine neue Flasche Brunello. Betty tuschelte mit Mario, Leo unterhielt sich mit Martin Klein, der immer wieder einmal schlecht gelaunt zu Mario und Betty hinüberschaute.

Dengler dachte an Olga.

Wie schön es wäre, wenn sie jetzt hier mit ihnen am Tisch sitzen würde. Aber sie war überstürzt nach Rumänien abgereist, weil ihre Mutter einen Schlaganfall erlitten hatte, und es war offen, wann sie zurückkommen würde.

Kurz vor ihrer Abreise hatte es eine kleine Irritation zwischen ihnen gegeben, und Dengler wusste immer noch nicht genau, wie er diese einschätzen sollte. Im Grunde hatte er ihr eine Freude machen wollen, ein Abschiedsgeschenk hatte es werden sollen für ihre bevorstehende Reise.

„Zieh dich hübsch an", hatte er zu ihr gesagt, „heute Abend gehen wir zum Partnertausch."

Sie sah ihn erstaunt an.

„Partnertausch?"

„Ja, ich finde, wir müssen auch mal was Neues erleben."

„Du machst einen Witz, oder?"

„Nein, mach dich schick. Wir gehen um halb acht."

„Sexy, meinst du?"

„Gern sexy."

Sie sah ihn an, als könne sie ihm nicht trauen.

„Hauptsache aber, wir kommen pünktlich los."

„Dann geh ich mal nach oben und zieh mich um."

Unsicher ging sie zur Tür.

Sie drehte sich noch einmal um und sagte: „Also o. k. Bin gleich wieder da."

Ihr Liebesleben hatte in der letzten Zeit etwas gelitten. Das war wahr. Dengler hatte einige Aufträge für eine große Versicherung übernommen und oft bis tief in die Nacht an den Fällen gearbeitet. Wenn er dann spät nach Hause gekommen war, hatte er meist gleich seine Wohnung aufgesucht und sich nicht mehr bei Olga gemeldet, die einen Stock höher wohnte. Er war einfach viel zu müde gewesen.

Aber lag es wirklich daran, dass er zu viel arbeitete? Plötzlich merkte er, dass er in Zeitungen Artikel mit guten Ratschlägen und Titeln wie „Lässt die Lust im Alter nach?" und „Wie Partnerschaft gelingt – Spielregeln der Liebe" las, und er merkte, dass die Buchhandlungen überquollen von Titeln wie „Lob des Sexismus: Frauen verstehen, verführen und behalten" oder „Der perfekte Liebhaber: Sextechniken, die sie verrückt machen".

Sollte es normal sein, dass das Begehren wich, wenn man einige Zeit zusammen war? Dieser Gedanke war nicht gerade beruhigend. Olga und er waren doch das ideale Paar, alle ihre Freunde sagten das. Und sie selbst fanden es auch.

„Wie gefalle ich dir?"

Plötzlich stand sie an der Tür.

Sie sah hinreißend aus. Kurzer schwarzer Rock, eine blaue Bluse, die ihre Kurven betonte, indem sie sie nur andeutete.

Sie zog den Rock ein kleines Stück nach oben. Schwarze Strumpfbänder wurden sichtbar.

„Mehr ist da nicht drunter", sagte sie.

„Mehr ist da nicht drunter?", fragte er.

Sein Mund wurde trocken.

Sie sah auf die Uhr.

„Los! Wir kommen zu spät."

Er stand auf, und einige Minuten später verließen sie das Haus. Untergehakt gingen sie die Wagnerstraße hinunter, rechts an der Kanalstraße vorbei, überquerten erst die Charlottenstraße, dann die Konrad-Adenauer-Straße und liefen durch den Park.

Sie kamen schließlich an der Oper vorbei und gingen auf das Gebäude des Stuttgarter Schauspiels zu. Das Foyer war erleuchtet. Man sah die Besucher mit ihren Sektgläsern und Programmheften bereits aus der Ferne. An der Außenwand war auf grünem Grund hell erleuchtet ein Schild angebracht.

Premiere: Partnertausch. Das neue Stück von Doris Dörrie.

Olga blieb stehen, las es und lachte laut auf.

„Da hast du mich aber an der Nase herumgeführt."

Dengler wollte auch lachen, aber es kam nur ein kratziges Geräusch aus seiner Kehle, das eher wie ein Husten klang. Beinahe hätten sie das letzte Klingeln versäumt. Sie verbrachten einen aufregenden Abend, aber immer noch fragte sich Dengler, was gewesen wäre, wenn er Olga nicht ins Theater geführt hätte, sondern …

Auch in dieser Nacht schliefen sie nicht miteinander.

Zitiert aus: „Das München-Komplott" von Wolfgang Schorlau,
© 2009, Verlag Kiepenheuer & Witsch GmbH & Co. KG, Köln, S.93–95

Gewonnen hat das Quartier auch durch das neue Atelier von Simone Mertz, das SIM 1, in der Katharinenstraße. Es gehört schon Mut dazu, direkt neben dem dubiosen Hotel „Türmle" sein Atelier aufzumachen. Aber die meist tierischen Metallfiguren von Simone Mertz sind schon etwas ganz Besonderes. Es gibt sie in Kleinformat, aber auch lebensgroß. Auch ein Schaf in fast natürlicher Größe mit rosa Federn ist dabei, aber vor allem Schweine, die natürlich Glück bringen, gibt es in allen Größen und humorvollen Varianten.

Afrika im Bohnenviertel – Das „Injeera" in der Wagnerstraße 30

Es war ein langer Weg von Eritrea bis in die Wagnerstraße, wo Tesfamicael Sare heute sein eritreisches Speiselokal betreibt. Als Jugendlicher floh er in den 1980er-Jahren vor dem Krieg in seiner Heimat nach Deutschland. 1985 landete er erst mal in Hessen und lebte sechs Jahre in der Nähe von

Frankfurt am Main. Beim Besuch eines Bekannten lernte er Stuttgart kennen, die Stadt gefiel ihm, und er zog hierher. Viele Jahre arbeitete er in Discotheken als Barkeeper, aber seine heimliche Leidenschaft gehörte dem Kochen. Und zwar der traditionellen Kochkunst seiner Heimat. Ihm schwebte vor, sich mit einem afrikanischen Imbiss in der Innenstadt auf eigene Beine zu stellen. Aber es fand sich lange keine geeignete Lokalität, um seine Idee zu verwirklichen. Da wurde ihm das traditionsreiche „Eger" im gerade sanierten Bohnenviertel angeboten. Und er griff zu, zusammen mit einem Partner eröffnete er Ende der 1990er-Jahre sein eigenes Lokal. Leider ging die Partnerschaft in die Brüche, und so musste er alles alleine stemmen.

Die ersten Jahre waren schwer, aber langsam sprach es sich in der Stadt herum, dass da in der Wagnerstraße etwas Besonderes zu finden war. Der Name wurde in „Injeera" verändert, in der Karte wurden die Gerichte kurz erklärt und die Werbung intensiviert.

Der Name „Injeera" ist sozusagen Programm: Er bezeichnet einmal eine bestimmte Art von gesäuertem Fladenbrot, in das Fleisch und Gemüse eingewickelt und so gegessen wird. Zum anderen ist es ein Synonym für geselliges Essen. Traditionell isst man diese Gerichte mit den Fingern – das macht vor allem Kindern Spaß. Im „Injeera" erhält man auf Wunsch auch Besteck, aber nur mit den Fingern ist es eben stilechter. Seit 2003 ist Herr Sare verheiratet und hat inzwischen vier Kinder – alle sind hier im Bohnenviertel in den Kindergarten gegangen, seine Älteste kommt jetzt in der Jakobsschule in die dritte Klasse.

Das Lokal ist gemütlich, nicht mit Folklorekitsch überladen, und lädt zum geselligen Schlemmen auf Eritreisch ein. Es empfiehlt sich, vorher zu reservieren, auch ein Zeichen dafür, dass die anfängliche Zurückhaltung des Publikums vorbei ist. Das „Injeera" bietet im Sommer auch einige Plätze im Freien, hier kommt zum Schlemmen noch das Vergnügen hinzu, am Treiben in der Wagnerstraße als Beobachter bzw. Beobachterin teilzunehmen. Ein Besuch lohnt sich auf jeden Fall, das Essen ist sehr lecker, das Preis-Leistungs-Verhältnis ist gut und der Service freundlich.

Auf die Frage, ob er manchmal Heimweh nach Eritrea habe, lächelt er: „Ich bin mit 16 Jahren nach Deutschland gekommen, ich lebe hier schon mehr Jahre als in Eritrea. Stuttgart ist eine schöne Stadt, nicht zu groß, und wir sind hier glücklich. Da gibt es eigentlich keinen Grund für Heimweh."

Abb. 26 Blick in das „Injeera"

Es war mutig, ein eritreisches Lokal in einem urschwäbischen Viertel aufzumachen. Aber der Versuch ist rundum geglückt. Das „Injeera" hat sich einen festen Platz in der Beliebtheitsskala erobert.

Am Ende des langen Weges von Eritrea bis in die Wagnerstraße haben die Sares hier offensichtlich Wurzeln geschlagen – und das ist wunderbar so.

Wo immer es möglich ist, sitzt man im Sommer im Bohnenviertel draußen. Nur wenige haben das Glück, einen kleinen Garten zur Verfügung zu haben wie die Weinstube „Schellenturm", aber Platz für ein oder zwei Tischchen draußen findet sich überall. Manchmal stellen sich sonntags sogar die Bewohner oder Bewohnerinnen des Quartiers einen Tisch auf den Gehsteig und machen ein kleines Picknick.

Wer sich zusätzlich zum kulinarischen Erlebnis auch über afrikanische Kultur informieren will, ist in der Galerie Franke, Ecke Wagner- und Weberstraße richtig. Das Ehepaar Franke zeigt Stammeskunst, vor allem aus Afrika, aber auch aus anderen Erdteilen.

Alteingesessene erzählen: Beate Schickler und die Schlosserei Schickler

Mit geprägt wurde das Bohnenviertel auch von der Familie Schickler, die jahrzehntelang eine Schlosserei im Bohnenviertel betrieb. Beate Schickler erinnert sich:[92]

Seit 1907 hat die Schlosserei Schickler in dem schönen Jugendstilgebäude in der Pfarrstraße 15 (früher Brunnenstraße) ihren Sitz. Ihr Großvater hatte dieses Haus als Wohn- und Geschäftshaus erbaut, da der alte Firmensitz in der Wagnerstraße endgültig zu klein wurde. Damals war ihr Großvater „königlich-württembergischer Hofschlosser". Die entsprechende Urkunde ist noch vorhanden. Die Hofschlosserei stellte u. a. die schmiedeeisernen Geländer für die Pflanzenbeete rund um den Theatersee im Schlossgarten her. Auch für die großen königlichen Gewächshäuser lieferte man Teile der Eisenkonstruktionen.

Damals kam es durchaus vor, dass der König mit seinen zwei Spitzhunden vorbeikam, um nach dem Rechten zu sehen. Einmal entstand bei einem solchen Besuch eine wirklich skurrile Situation: An einer „entscheidenden" Stelle klaffte die Hose des Monarchen weit auseinander. Die diskret vorgebrachte Mitteilung: „Majestät, Ihre Garderobe ist nicht in Ordnung", brachte dem Schlossermeister ein royales Dankeschön und eine Goldmünze ein.

Im Zweiten Weltkrieg hatte die Schlosserei Schickler Glück im Unglück: Es wurden „nur" die Häuser auf der gegenüberliegenden Straßenseite zerstört. Bis zur Erbauung des Züblin-Parkhauses blieb diese Straßenseite unbebaut. In den 1950er-Jahren wurde die Brunnenstraße in Pfarrstraße umbenannt.

Ein Überbleibsel aus der Zeit des Weltkriegs ist der heute noch bestehende Luftschutzstollen, der am Beginn der heutigen Lorenzstaffel in den Hang führt. Über diesen Stollen hatte Beate Schicklers Vater einst die Aufsicht. Sie selbst ist ein Nachkriegskind, und die Ruinengrundstücke gegenüber waren der ideale „Abenteuerspielplatz". Dass das Spielen dort selbstverständlich streng verboten war, hat die Attraktivität natürlich erhöht. Die Kinder des Bohnenviertels wussten schon immer die Gelegenheiten, die sich boten, zu nutzen.

In den 1950er- und 1960er-Jahren gab es im Bohnenviertel noch jede Menge kleiner Geschäfte, in denen die Bewohnerinnen und Bewohner ihren täglichen Bedarf decken konnten: Bäcker- und Metzgereien, Schneider- und Bekleidungsläden, eine Pfandleihe, Haushaltswaren- und Textilläden. Auch einen Schuhmacher und einen Uhrmacher gab es. In der Pfarrstraße, dort, wo sich heute der Irish Pub befindet, gab es sogar eine Brennerei. Mit dem Aufkommen der Supermärkte sind diese Läden nach und nach verschwunden, viele der Gewerbe- und Handwerksbetriebe sind weggezogen oder erloschen. Noch zwei Schreinereien und zwei Schlossereien halten heute im Quartier tapfer die Stellung.

In der Zeit des Wiederaufbaus nach dem Krieg konnte sich die Schlosserei Schickler über Aufträge freuen: So stattete man den restaurierten Königsbau mit Schlössern und den entsprechenden Schlüsseln aus. In diesem Jahr wird der letzte Schickler aus Altersgründen den Schlossereibetrieb schließen, ein Nachfolger konnte bedauerlicherweise nicht gefunden werden. Damit stirbt wieder ein Stück Handwerkskultur in Stuttgart.

Abb. 27 Firmenschild der
Schlosserei Schickler

Im Rahmen der Überlegungen, das Bohnenviertel in der
Wahrnehmung der übrigen Stuttgarter Bevölkerung auf-
zuwerten, werden auch Vorschläge über eine „museale" Er-
haltung der historischen Werkstatt angedacht. Hier müssen
aber noch intensive Gespräche mit der Stadt und vor allem
dem neuen Eigentümer geführt werden. Vielleicht findet
sich ja doch eine Möglichkeit, die historische Werkstatt zu
erhalten.

Und noch ein „Urgestein": Die Firma Binder
in der Wagnerstraße

Zu den alteingesessenen Betrieben im Bohnenviertel zählt
natürlich auch die Binder GmbH in der Wagnerstraße 34.
Wenn man vor dem eher unscheinbaren Geschäft mit seinen zwei Schaufenstern steht, kann man sich nicht vorstellen, welches Labyrinth an Räumen sich hinter dem kleinen
Laden verbirgt: Werkstätten, Lager- und Packräume, Büros,

alles geschickt in einem Gebäudekomplex aus Vorder- und Hinterhaus untergebracht. Einem aufmerksamen Beobachter fällt dann vielleicht noch die Jahreszahl der Gründung auf dem Firmenschild auf: 1858!

Das Unternehmen ist also seit über 150 Jahren hier ansässig, wahrscheinlich seit seiner Gründung. Heute handelt die Firma mit Spezialwerkzeugen für das Sattler- und Bodenlegerhandwerk. In der Anfangszeit wurde ein Teil der Werkzeuge von eigenen Schmieden hergestellt, mehrere Meister und Gesellen waren hier beschäftigt. Was man nicht selber komplett produzierte, kaufte man als Rohlinge meistens aus Solingen oder Wuppertal ein, um die Endbearbeitung zu übernehmen. Als Beispiel sei ein sogenanntes Losschlageisen genannt, für das früher die Griffe zugekauft, das eigentliche Werkzeug jedoch selbst produziert wurde.

Der Geschäftszweig Sattlerbedarf erwies sich als solides, krisenfestes Standbein: War bei Beginn des 20. Jahrhunderts das Pferd noch unverzichtbares Arbeits- und Transportmittel, das erst langsam von den modernen Kraftwagen verdrängt wurde, so führte der technologische Wandel dennoch nicht zu einem Aussterben des Sattlerberufes. Zum einen „verschwand" das Pferd keineswegs, es wandelte sich vom Arbeits- zum Freizeittier, zum anderen hatte die neu entstehende Automobilindustrie einen großen Bedarf an Sattlern. Ledersitze und lederbezogene Innenausstattung, vor allem von hochwertigen Fahrzeugen, bieten Sattlern auch heute noch reichlich Arbeit. So wundert es nicht, dass auch Daimler und Porsche Kunden der Firma Binder sind.

Die zunehmende Komplexität der Werkzeuge und die Schwierigkeiten, entsprechende Fachkräfte zu bekommen, trieben den Wandel zum reinen Handelsbetrieb voran. Aber noch heute ist man in der Lage, als Service Reparaturen und Wartung anzubieten. Über Kundschaft kann Herr Unseld, der Seniorchef der Firma, nicht klagen: Sie kommt aus ganz Europa, den USA und sogar aus Asien.

Zu den Aktivitäten des Unternehmens gehört es auch, sich auf entsprechenden Fachmessen zu präsentieren, nicht mehr in dem großen Umfang wie früher, aber auf den wichtigen Messen ist die Binder GmbH immer noch zu finden. Es hat sich für das Unternehmen auch nie die Frage gestellt, anlässlich der Sanierung das Quartier zu verlassen. Ins Bohnenviertel gehört man, und hier bleibt man!

Eine der beiden erwähnten Schreinereien im Bohnenviertel ist die Firma Thomas Hasselwander, die seit 1965 im Quartier ansässig ist. Die Schreinerei ist auf den Innenausbau von Läden, Büros und Messebau spezialisiert, arbeitet aber auch für private Kunden. Schon das Büro in der Wagnerstraße macht deutlich, dass es sich um eine ganz besondere Schreinerei handelt. Modernes Design verbindet sich hier mit historischem Ambiente. Produziert wird natürlich mit modernen Technologien.

Es grünt und blüht im Bohnenviertel: Der Blumenladen

Wer die Olgastraße zwischen der Charlotten- und der Katharinenstraße entlanggeht oder -fährt, kennt das Geschäft mit seinen üppigen Pflanzendekorationen auf dem Gehweg. „Der Blumenladen" in der Olgastraße 54 ist in Stuttgart und darüber hinaus ein Begriff.

Im August 1990 eröffnete das Ehepaar Karin und Rainer Engel in der Olgastraße 44 seinen ersten Blumenladen. Karin Engel hat das Licht der Welt in Wiesbaden erblickt. Nach einer Ausbildung zur Gärtnerin und Floristin besuchte sie die renommierte Meisterschule in Weihenstephan. In der Olgastraße 44 existierte schon vorher ein Blumengeschäft, für das ein Nachfolger gesucht wurde. Karin Engel trat als Meisterin in das Geschäft ein. Im August 1990 über-

Abb. 28 Blick auf den „Blumenladen"

nahmen die Engels das Geschäft schließlich als ihr eigenes. Mit viel Arbeit und Herzblut gestaltete Karin Engel den Laden zu einem renommierten Blumenladen. Hier halfen ihr die Kenntnisse und Fähigkeiten, die sie sich in Weihenstephan aneignen konnte. Aber irgendwann war die Olgastraße 44 zu klein und so traf es sich gut, dass nur ein paar Häuser weiter ein größeres Objekt frei wurde. 2006 zog man in die Olgastraße 54 um. Hier ging es mit demselben Engagement weiter, und man sieht schon von Weitem, was hier angeboten wird. Die beeindruckende und liebevoll gestaltete Außendekoration setzt sich im Inneren des Geschäfts fort.

Hier wird der Begriff „Flower Power" plastisch. Hinter diesem tollen Blumenmeer steckt sehr viel harte Arbeit, dreimal in der Woche morgens um 4.30 Uhr auf den Großmarkt fahren, abends um 20.00 Uhr heimkommen – das hält man nicht 23 Jahre durch, wenn es nicht durch ein inneres Feuer getragen wird. Inzwischen besteht ein Team aus mehr als 10 Mitarbeitenden, für die man auch Verantwortung trägt. In den 23 Jahren führte man 25 Azubis bis zur Prüfung, von denen sich mittlerweile mehrere mit eigenen Läden selbstständig gemacht haben. Dieser Erfolg beflügelt die Engels, so trägt das Bemühen auch Früchte.

Eine Besonderheit der Ausbildung in Weihenstephan ist der Zusammenhalt der Absolventen nach der Ausbildung. Man trifft sich regelmäßig und hält den Kontakt untereinander. So hat man in vielen Orten des Landes gleichgesinnte Kollegen und Kolleginnen, ein richtiges Netzwerk, das man nutzen kann. Ein verschickter Blumengruß kann vor Ort von einem Kollegen „im gleichen Geist" bearbeitet werden. Obwohl „Der Blumenladen" sozusagen an der „Peripherie" des Bohnenviertels liegt, nimmt das Ehepaar Engel am Leben des Viertels teil. Rainer Engel ist Mitbegründer des Handels- und Gewerbevereins Bohnenviertel und engagiert sich in der Vereinsarbeit.

Ein Problem ist die nächtliche Vermüllung des Gehwegs vor dem Laden durch den Straßenstrich. Aber nachdem Rainer Engel längere Zeit den morgens aufgekehrten Müll in den Hof des benachbarten Etablissements befördert hat, ist eine spürbare Verbesserung eingetreten. Inzwischen machen sich die betreffenden Damen erst nach Geschäftsschluss des Blumenladens so richtig an ihre Arbeit. Das Problem ist aus Sicht von Rainer Engel nicht durch die Polizei allein zu lösen. Eine wesentliche Ursache sind auch die sozialen Verhältnisse in den Herkunftsländern, wo ein großer Teil der Menschen unter absoluten Armutsverhältnissen leben muss. Solange sich das nicht ändert, wird es auch im Bohnenviertel die importierte Prostitution geben.[93]

Modisches im Bohnenviertel

Seit 2001 betreibt Tobias Siewert sein kleines Modeatelier in der Wagnerstraße. Dieses Atelier ist eine Welt für sich: Stoffballen in allen Farben stapeln sich, mittendrin an einem kleinen Tisch die Nähmaschine und Tobias Siewert, fertige und halb fertige Kleidungstücke hängen überall. Man spürt es sofort, hier arbeitet jemand mit viel Herzblut.

Das Interesse von Tobias Siewert am Entwerfen von Bekleidung reicht bis in die Kindheit zurück: Schon als Kind waren die Puppen seiner Schwester nicht sicher vor seiner Leidenschaft. Sie wurden permanent neu „eingekleidet". Tobias, Jahrgang 1973, Abitur 1992, stellte sich nach der Schule wie allen Jugendlichen die Frage, welchen Beruf er ergreifen solle.

Es war ihm schnell klar, ein Bürojob kam für ihn nicht infrage. Sein Beruf sollte auch Berufung sein, etwas, was er sein Leben lang gerne machen würde. Und so gab es nur eines: Er begann an der privaten Stuttgarter Modeschule Brigitte Kehrer die Ausbildung zum staatlich anerkannten Modedesigner, die er 1997 erfolgreich abschloss. Nach einem Praktikum bei Harald Glööcklers Pompöös, wurde der Wunsch, sein eigener Herr zu werden, immer stärker. So begann er, eigene Kreationen zu entwerfen und diese auch selbst zu verkaufen. Was ihn daran besonders fasziniert, ist die Möglichkeit, eine Idee von A bis Z komplett selbst zu verwirklichen. Dank seiner Ausbildung ist er dazu auch in der Lage.

Noch heute produziert er seine Erstmuster und Kleinserien selber. Es ist für ihn das Schlimmste, eine Idee nicht selber verwirklichen zu können, sondern auf das Know-how von jemand anderem angewiesen zu sein. Am Anfang stellte er seine Mode zu Hause her und vertrieb die Kreationen über

Abb. 29 Tobias Siewert vor seinem Atelier

einige Stuttgarter Boutiquen. 2001 folgte der nächste Schritt:
Er eröffnete in der Wagnerstraße sein eigenes Atelier. Seitdem gehört Tobias Siewert dazu! Das Bohnenviertel kannte
er schon vorher, und ein Atelier in diesem Quartier war sein
heimlicher Wunsch.

Wie viele der Befragten hat auch ihn das Bohnenviertel ver-
zaubert und in seinen Bann gezogen. Die Mischung aus Bo-
denständigem und Kreativem, der südliche Touch, den das
Viertel vor allem im Sommer annimmt, beflügelt ihn bei
seinen Entwürfen. Der Kontakt zu seiner Ausbildungsstätte
ist nie ganz abgebrochen, und als ihm 2005 dort eine Dozen-
tenstelle für Modellschnitt und -entwurf angeboten wurde,
sagte er zu.

Er meint, dass er zu den Schülern einen besonderen Zugang hat, als Absolvent dieser Einrichtung und als erfolgreicher Praktiker kann er die Inhalte gut vermitteln. 2011 erfolgte der nächste Schritt: Zusammen mit seinem Freund Manuel Kloker hob er sein eigenes Label aus der Taufe. Wer seine Kreationen sehen will, besucht eine Show von Frl. Wommy Wonder, der A-cappella-Formation „Die Fünf" oder, das ist das Einfachste, kommt einfach in der Wagnerstraße 37 vorbei. Ihm wird dort zweierlei präsentiert: tolle Mode, die kreativ und einzigartig ist und ein faszinierendes Stadtviertel, das mindestens ebenso einzigartig ist. Wo sonst kann man einfach so einem Modedesigner beim Nähen über die Schulter schauen?

Noch mehr Modisches im Bohnenviertel

Frau Steinmeyer, die Inhaberin von Mode-Steinmeyer, ist im Bohnenviertel eher zufällig ansässig geworden. Als sie sich sicher war, dass sie ihre Idee, ein Damenmodegeschäft für Größen ab 42 aufwärts, wirklich umsetzen wollte, überlegte sie sich lange, wo und wie sie das realisieren könnte. Alle ihre Vorstellungen zum Standort (zentral, aber günstig, gute Anbindung an öffentliche Verkehrsmittel, kurzer Weg zum Marktplatz), die sie mit Freunden besprach, mündeten in dem Vorschlag: Bohnenviertel. Nun musste nur noch ein entsprechender Laden gefunden werden. Und sie hatte Glück: Irgendwann war an der Ecke Esslinger und Wagnerstraße genau der Laden zu haben, der ihr immer vorgeschwebt hatte. Und so eröffnete sie im Juli 2010 ihr Geschäft. Der Zeitpunkt war gut gewählt, es war kurz vor dem Bohnenviertelfest, eine bessere Werbung für eine Neueröffnung gibt es kaum.

Beruflich hatte sie schon immer mit Mode und Bekleidung zu tun. Viele Jahre arbeitete sie in bekannten Unternehmen dieser Branche. Irgendwann erkannte sie, dass im „normalen" Modehandel eine Kundengruppe sehr zu kurz kam, nämlich Frauen, deren Konfektionsgröße über 42 liegt. Die Ursache liegt sicher im Jugend- und Schlankheitswahn, der in unserer Gesellschaft herrscht. Und das, obwohl diese fülligere Kundengruppe ca. 41 Prozent aller Kundinnen ausmacht. Ihre Geschäftsidee besteht darin, diesen Frauen schicke, qualitativ hochwertige Mode für alle Lebenslagen anzubieten. Das meiste, was in großen Größen an Mode angeboten wird, „versteckt" seine Trägerin eher, anstatt sie vorteilhaft zu kleiden. Frau Steinmeyer hingegen bietet Mode, die genau dieses Ziel hat, und ihre Kundinnen danken es ihr. Sie bezeichnet ihr Sortiment als Mode für „richtige" Frauen, dabei ist die Qualität des Schnittes extrem wichtig, und genau das garantieren ihre Lieferanten. Für ihre Kundinnen nimmt sie sich viel Zeit für die Beratung und das Anprobieren, oft stellt sich erst in einer solchen „Session" heraus, was die Kundin wirklich vorteilhaft kleidet. Etwas Zeit sollte man mitbringen, das lohnt sich immer. Für die zugehörigen (Ehe-)Männer stehen übrigens bequeme Sessel bereit, die das Warten erleichtern. Dieses Angebot kann es natürlich nicht zum Discounterpreis geben, aber Frau Steinmeyer hat die Erfahrung gemacht, dass eine Kundin, die sich in ihrer Bekleidung auch noch nach längerem Tragen wohlfühlt, gerne bereit ist, einen angemessenen Preis zu bezahlen.

Was Frau Steinmeyer am Bohnenviertel gefällt, ist das unkompliziert Persönliche im Miteinander, der ansprechende Mix von Handwerkern, Händlern, interessanter Gastronomie sowie Kunst und Kultur. Sie fühlt sich nie allein, sie kennt alle ihre Nachbarn, man schwatzt gerne mal miteinander. Natürlich gibt es hier nicht die Kundenfrequenz wie auf der Königsstraße, aber auch nicht das Mietniveau. Kunden, die einmal hier „ihr" Geschäft gefunden haben, kommen immer wieder. Sie kann sich nicht mehr vorstellen, ihren Laden woanders zu betreiben. Hier hat sie begonnen, Wurzeln zu schlagen.[94]

Eine Meister-Eder-Schreinerei im Quartier

Seit 2003 betreibt Rudolf Zwinz seine Schreinerei mit Galerie in der Weberstraße 57 im Bohnenviertel. Er konnte damals die Schreinerei Rösch, die zum Verkauf stand, übernehmen. Bis dahin betrieb er in Fellbach eine Schreinerei, einen großen Betrieb, der fast industriell produzierte. Rudolf Zwinz zog es jedoch zurück zu den Wurzeln. Da kam die Schreinerei Rösch, eine „Pumuckel & Meister-Eder-Schreinerei" gerade recht. Der Vorbesitzer suchte schon länger einen Nachfolger, man wurde sich schnell einig, und so zog der Betrieb und Rudolf Zwinz ins Bohnenviertel.

Herr Rösch war vor der Sanierung auch Mitglied der Bürgerinitiative, die den Erhalt des Quartiers durch ihren Protest gegen einen Totalabriss möglich machte. Folgerichtig blieb er mit seiner Schreinerei im Bohnenviertel, während viele andere Handwerksbetriebe das Viertel verließen. Die Schreinerei Zwinz fand sich mit dem Umzug in einem Umfeld wieder, das es so in Stuttgart sonst gar nicht mehr gab.

Die Ausstrahlung des Bohnenviertels hat die Absichten von Herrn Zwinz bestärkt, er beschreibt dieses Flair als „familiär, verbindlich, zuverlässig, liebenswert". Dieses Flair „trägt" die Firma, prägt den Auftritt und korrespondiert bestens mit den Zielen des ganzen Teams. Hier kommt der Wunsch des Inhabers, seine Produkte auch wirklich wieder zu gestalten, also schöpferisch tätig zu sein, voll zum Tragen. Diese gestal-

Abb. 30 Blick in die Schreinerei Zwinz

terische Kompetenz war einmal Bestandteil jedes Handwerks und ist heute oft verloren gegangen. Diese Kompetenz ging an Designer, Architekten und Planer verloren. Die Schreinerei Zwinz hat sich dieses Feld inzwischen wieder zurückgeholt und kann dem Kunden damit absolut individuelle Vorschläge anbieten und sie realisieren. Dazu muss man die Wünsche des Kunden „erspüren" können, intensiv mit ihm kommunizieren und gemeinsam mit ihm zu einem maßgeschneiderten Produkt kommen. „Die gleiche Wohnung, aber zwei unterschiedliche Kunden, führen zu zwei unterschiedlichen Lösungen."

Die Stärke des Unternehmens liegt gerade darin, dass von der Planung bis zur Realisierung alles auf engem Raum passiert und so auch keine Reibungsverluste entstehen. Diese Art, mit Kundenwünschen umzugehen, ist quasi das „Geschäftsprinzip" des Unternehmens, es wird vom Team gelebt und man wächst daran. „Auch wenn etwas mal nicht so klappt, wie man es sich gedacht hat, begreifen wir das als Ansporn, daraus zu lernen." Der Anspruch, immer wieder etwas Neues zu kreieren, führt dazu, immer besser im „Erfinden" zu werden, stärkt das Wissen „Was können wir, wovon lassen wir besser die Finger?" und führt in der Konsequenz zu einer hohen Kundenzufriedenheit. Diese Zufriedenheit ist die beste Basis für eine nachhaltige Betriebsexistenz.

Dieses Besondere wird auch durch die Galerie, die sich gegenüber der Schreinerei befindet, noch verstärkt. Das lässt sich kaum mit Werbung oder Anzeigen „rüberbringen", und viele Kunden lernen das Unternehmen erst nach einem ersten Kontakt richtig kennen. Zur Galerie kam die Schreinerei eher zufällig. Es existierte die Galerie als Treffpunkt der Künstlergruppe „Experimente". Als diese in die Jahre kamen und der Galeriebetrieb immer seltener stattfand, bot sich die Möglichkeit, die Galerie zu mieten. Sie dient der Schreinerei als „Showroom", es finden aber auch im Jahr zwei bis drei Fremdausstellungen statt, besonders gerne natürlich mit Künstlern aus dem Quartier, wie z. B. Axel Clesle. Der Ausstellungsbetrieb und die dadurch entstehenden Kontakte machen aufwendige Werbekampagnen überflüssig. Die Galerie ist tagsüber immer geöffnet, man kann also immer vorbeischauen.

In seiner langen Laufbahn als Unternehmer hat Rudolf Zwinz schon unzählige Business-Konzepte entwickelt – das hat er hier unterlassen. Seine Leitmotive sind heute: „Authentizität, Freude an der Arbeit und sich aber auch von den Möglichkeiten treiben lassen. Damit das funktioniert, ist die Auswahl und die Zusammensetzung des Teams extrem wichtig, hier muss es stimmen."

Die umfassende Angebotspalette lässt sich durch ein „Handwerker-Netzwerk" realisieren, alle am Bau anfallenden Arbeiten liegen in „einer Hand". Dieses Netzwerk existiert immerhin schon seit 12 Jahren, es war eines der ersten, das es in dieser Form gab. Dass es funktioniert, liegt vor allem an Monika Kurfeß, gelernte Bau-Ingenieurin und die „gute Seele" des Betriebes. Dadurch ist die Schreinerei Zwinz in der Lage, schon bei der Erstellung des Rohbaus mitzuwirken und dies für die spätere Innengestaltung auszunutzen.

Das alles trägt dazu bei, dass die Arbeit richtig toll sein kann und dass man von einem Kunden, der von dem abgelieferten Produkt begeistert ist, ein großes Lob erhält, was einen natürlich bestärkt, so weiterzumachen. Rudolf Zwinz und sein erprobtes Team wollen dies noch viele Jahre tun![95]

Basta! – Mit Markus Pfrommer im Gespräch

Markus Pfrommer, der heute das „Basta" führt, ist nicht nur den Lesern und Leserinnen der Krimis von Wolfgang Schorlau als „der glatzköpfige Kellner" ein Begriff. Seine Gastronomenlaufbahn im Bohnenviertel begann vor etwas mehr als 30 Jahren als Aushilfe in der Weinstube „Basta". Die damalige Inhaberin, Frau Köhler, war der Meinung, ein junger Mann von gerade mal 20 Jahren könne nicht einfach so in den Tag hineinleben. Vielmehr solle er was „Ordentliches" schaffen! Und so begann Markus erst an einem, dann an mehreren Tagen im „Basta" zu kellnern.

Das war das Jahr, bevor die Sanierung die Wagnerstraße erreichte. Während der Sanierung musste das „Basta" für ein Jahr komplett schließen. Nach der Wiedereröffnung war er natürlich wieder mit von der Partie. Damals hatte die Wagnerstraße so ein bisschen was von einer Stuttgarter „Portobello Road", zahlreiche Antiquitätenläden prägten das Straßenbild. Auch sonst atmete das Quartier viel stärker noch den Geist der leicht anarchistisch-kreativen 1968er-Zeit. Es hatte einen leicht verruchten Ruf, etwas schmuddelig eben.

Abb. 31 In der Weinstube „Basta"

So wie sich die Zeiten und Moden ändern, hat sich auch die
Wagnerstraße geändert. Frau Köhler leitete das „Basta" bis
2007, dann übergab sie das Restaurant an Markus Pfrommer.

Und so wie sich das Quartier gewandelt hat, änderte sich
auch das „Basta". War man am Beginn dem schwäbischen
Wein verpflichtet, der noch in den typischen Viertelesglä-
sern ausgeschenkt wurde, zeigt heute ein Blick auf die Karte
eine Auswahl hochwertiger in- und ausländischer Weine.
Begleitet wird dies durch eine ambitionierte Speiseauswahl,
die in der Küche liebevoll zubereitet wird. Diesen Wandel
haben seine Gäste mitgemacht, auch ihre Ansprüche haben
sich verändert. Die „literarische" Popularität des „Bastas",
Wolfgang Schorlaus Detektiv Georg Dengler wohnt (in den
Romanen) im ersten Stock über dem „Basta", hat sicherlich

den Bekanntheitsgrad des Restaurants erhöht. Manchmal muss Markus auch auf Fragen bestätigen, dass er der Kellner aus den Krimis ist, es ist natürlich eine nette Werbung, die ihn nichts kostet. Aber ein „Wolfgang-Schorlau-Tourismus" schlägt sich nicht nennenswert im Geschäftsergebnis nieder, seine Gäste kommen, weil die Qualität seines Angebots und das Drumherum stimmen. Dafür spricht auch die Tatsache, dass im Team kaum ein Wechsel stattfindet und alles einen sehr harmonischen Eindruck macht.

Was Markus Pfrommer ein bisschen bedauert, ist das Verschwinden des fröhlichen Individualismus der 1970er- und 1980er-Jahre. Heute strömen viele zum Einkaufen in die „angesagten" gesichtslosen Shopping-Center, das Stöbern in individuellen kleinen Geschäften ist leider auf dem Rückzug. Gleichzeitig hat die Regeldichte zugenommen und die damit verbundenen Beschränkungen sind manchmal sehr störend, dies betrifft vor allem Gastronomen.

Markus Pfrommer wünscht sich, dass das Quartier stärker als Ausgeh- und Einkaufsviertel angenommen wird – hier könnte vielleicht ein weiteres Tagescafé viel bewirken. Schließlich entdecken Besucher und Besucherinnen im Quartier hochinteressante Läden, Galerien und Lokale, die man so in Stuttgart kaum findet.

Eine halbe Stunde später stieß Georg Dengler die Tür zum *Basta* auf. Er ging an der Bar vorbei und setzte sich an den Tisch am Fenster, an dem bereits sein Freund und Nachbar Martin Klein saß, der sich über einige bedruckte Blätter beugte und mit einem Kugelschreiber hin und wieder einzelne Textpassagen korrigierte.

„Na, wie hat dein Klient auf die amourösen Fotos seiner Frau reagiert?", fragte Klein und sah Dengler über seine Brille hinweg an, die ihm auf der Nase ziemlich weit nach unten gerutscht war. Mit einer schnellen Bewegung schob er sie zurück.

„Er warf sie im Büro umher, schlug gegen die Wand und verkrallte sich dann in meine neuen Jalousien."

„Hmm. Wie in einem Film ..."

Klein runzelte die Stirn und schien nachzudenken.

Der kahlköpfige Kellner brachte Georg Dengler einen doppelten Espresso und stellte ein Glas mit warmer Milch daneben. Dengler dankte ihm mit einem Kopfnicken. Langsam schüttete er einen Schluck Milch in den Espresso und rührte um. Er überdachte noch einmal diesen Fall.

Sein Auftrag war erledigt. Punktgenau erledigt. Körner hatte seiner Frau nicht vertraut und wollte wissen, ob sie einen Liebhaber hatte. Nun wusste er es. Sie hatte ihrem Mann die Lügengeschichte des Besuchs bei der Schwester in Bochum erzählt, tatsächlich war sie aber auf Gran Canaria gewesen. Bereits auf dem Hinflug hatte neben ihr der Kerl gesessen, der beim Sex nicht einmal den Hut abnahm. Dengler hatte dieselbe Maschine genommen. Später waren die beiden so miteinander beschäftigt, dass sie Dengler nicht bemerkten, der aus 20 Meter Entfernung fotografierte. Er hatte seinen Job gut gemacht. Genau das in Erfahrung gebracht, was sein Klient wissen wollte. Mit Fotos dokumentiert. Er hätte mit sich zufrieden sein können. Doch stattdessen fühlte er sich leer.

Er trank einen Schluck Espresso. Der heiße Kaffee tat ihm gut. Doch die Niedergeschlagenheit verflog nicht. Er sah zu Klein hinüber, in der Hoffnung, der könne seine Trübsal verjagen. Doch

171

Martin Klein beugte sich bereits wieder über seinen Text, überflog die Zeilen, und Dengler konnte sehen, wie die Augen seines Freundes an manchen Stellen verweilten. Der Kugelschreiber näherte sich dem Blatt Papier und strich hier ein Wort durch, fügte dort eine Ergänzung ein oder vermerkte am Rand geheimnisvolle Zeichen, die Dengler wie Hieroglyphen erschienen.

Plötzlich überkam Dengler eine Woge hässlichen Neids auf seinen Freund. Auch er würde gerne so selbstvergessen und konzentriert arbeiten, ohne die Selbstzweifel, die ihn immer öfter quälten.

Missmutig schaute er auf die Uhr.

Gleich kommt die nächste Klientin. Wieder Fotos, wieder zerbrechende Illusionen?

Er trank den Kaffee aus, stand auf, ließ den erstaunt aufblickenden Martin Klein ohne Gruß zurück, zahlte an der Bar und ging wieder in sein Büro im ersten Stock.

Zitiert aus: „Fremde Wasser" von Wolfgang Schorlau,
© 2006, Verlag Kiepenheuer & Witsch GmbH & Co. KG, Köln, S. 24–26

Die Toskana-Fraktion im Bohnenviertel – ein Gespräch mit Günter Sulz, dem Inhaber der „Cantina Toscana"[96]

Jeder, der schon mal durch das Bohnenviertel geschlendert ist, kennt das kleine Weinlokal in der Brennerstraße. Schon das Gebäude ist bemerkenswert: Erbaut wurde es 1900 von keinem Geringeren als dem Architekten Karl Hengerer, einem einstigen Leinsschüler, im damals typischen Stil des Historismus. Hengerer war der „Hausarchitekt" Eduard von

Pfeiffers und wirkte an den Stadtsanierungen und Arbeiter-
siedlungen, die von Pfeiffer initiierte, als ausführender Architekt mit. Das Gebäude Brennerstraße 27, ein Eckhaus,
ist noch heute an der Fassadenseite zur Weberstraße mit
einem farbigen Relief, einem Lebensbaum im Jugendstil geschmückt. Früher schmückte dieses Relief auch die Bren-
nerstraßenseite, die dafür vorgesehene Fläche ist noch gut
erkennbar.

Die Geschichte des Günter Sulz und seiner Beziehung zum
Bohnenviertel begann in den 1970er-Jahren. Er war damals

Vorsitzender des SPD-Ortsvereins Stuttgart-Mitte und Mitbegründer der legendären „Bürgerinitiative Bohnenviertel", die sich für den Erhalt und die Sanierung des Quartiers als Wohngebiet einsetzte. Mit fantasievollen und spektakulären Aktionen (samstägliches Frühstück mitten auf der Rosenstraße) wurden der Stadtverwaltung der Erhalt und die Verkehrsberuhigung abgerungen.

Die Liebe zur Toskana und ihrem Wein begann zur selben Zeit. 1979 erwarben er und einige Freunde ein Haus in der Nähe von Volterra. Angetan von der Qualität des dortigen Weines, begann er Anfang der 1980er-Jahre diesen zu importieren und an befreundete Gastronomen zu verkaufen. Zu seinen Kunden zählten u. a. die Weinstube „Widmer" (heute Fröhlich), das „Lehen" und die Gastronomie der Liederhalle. Aus dieser anfänglich nebenberuflichen Tätigkeit – eigentlich war Günter Sulz Grafikdesigner – entstand der Wunsch, die Weine in einer eigenen Verkaufs- und Probierstube anzubieten. Die Realisierung erfolgte in den Jahren 1989/90.

Die „Cantina Toscana" war geboren. Auch das Hindernis der Brauereibindung konnte bewältigt werden. Die Wahl des Weines erwies sich als richtig: Schwäbische Weinstuben gab es im Viertel zuhauf, Wein aus der Toskana nur hier bei Günter Sulz.

Allerdings hatten seine Kunden ganz andere Erwartungen, als Günter Sulz es sich vorgestellt hatte: Sehr schnell war klar, die Leute wollten weniger probieren und kaufen, sie wollten sitzen, trinken und eine passende Kleinigkeit dazu essen. So wandelte sich die „Cantina Toscana" zu einem Weinlokal mit einem kleinen Speiseangebot, das in einer winzigen Küche liebevoll produziert wird.

Und der Erfolg gab ihm recht. Seit 22 Jahren ist das Lokal eine gute Adresse für Liebhaber mediterraner Spezialitäten, begleitet von einem Angebot hervorragender toskanischer Weine zu einem vernünftigen Preis. Nun kommt der Wermutstropfen: Günter hat sich zum Ende des Jahres in den Ruhestand verabschiedet. Er ist inzwischen 76 Jahre alt und hat sich den Ruhestand redlich verdient. „Trotz zweier arbeitsfreier Abende in der Woche kommt man auf 70 Arbeitsstunden in der Woche, das soll in Zukunft ein Jüngerer bewältigen." Eine Nachfolgerin, die das Lokal weiterführt, gibt es auch schon, nämlich Katja Seele, die die „Cantina Toscana" als „Peeches" mit schwäbisch-italienischer Küche weiterführen wird. Günter selbst wird sich jetzt stärker wieder mit seinem Häuschen in der Toskana beschäftigen, hier liegt sozusagen „Handlungsbedarf" vor: Nach dreißig Jahren musste die Käufergemeinschaft jetzt feststellen, dass damals „vergessen" wurde, ihren Kauf ins Grundbuch einzutragen – echt italienisch eben. Wir wünschen Günter Sulz, dass sich diese Probleme zufriedenstellend lösen lassen und er seinen Ruhestand genießen kann – und Katja Seele viel Erfolg.

Vor der *Cantina* gab es keinen Platz mehr. Die Besucher saßen dicht gedrängt an den Tischen, und einige standen mit Gläsern in der Hand auf der Straße. Klein und Betty gesellten sich dazu. Sie tranken ein Glas eines kräftigen, gekühlt servierten Rotweins und machten sich dann auf den Weg.

Klein gönnte sich noch einen Blick auf Betty. Sie trug ein einfaches schwarzes Kleid, die hochhackigen Schuhe modellierten ihre braunen Beine. Auch die Arme, der Hals und das Dekolleté, das den Ansatz ihrer Brüste zeigte, waren in diesem warmen Braun. Klein fragte sich, ob sie am ganzen Körper durchgehend so gebräunt war und wo sie sich wohl in die Sonne legte.

Sie lachte ihn an. Klein befürchtete, dass sie seine Gedanken erraten habe. Er nahm sie beim Arm, und sie zogen durch die schmale Gasse in Richtung Charlottenplatz.

Betty hakte sich bei ihm ein, Klein schien es sogar, als schmiege sie sich beim Gehen an ihn.

Ein bisschen vielleicht.

Ihre Hüften streiften beim Gehen hin und wieder seine Oberschenkel. Ihre warme Hand lag auf seinem Arm. Klein fühlte sich größer, als sei er gewachsen. Er sah die interessierten Blicke anderer Männer, die Betty streiften. Sie machten ihn stolz.

Heute geht sie mit mir aus. Ins Theater. Danach vielleicht noch etwas trinken und danach, wer weiß, es ist ein schöner Abend.

Sie waren in der Mitte der schmalen Passage zur Charlottenstraße, als sie von drei Männern überholt wurden, die es eilig zu haben schienen.

Einer von ihnen drehte sich plötzlich um.

„Dengler?", zischte er.

„Was ist?", fragte Klein.

Fast im gleichen Augenblick traf ihn ein Schlag ins Gesicht. Sein Kopf wurde nach hinten gerissen. Die Nase brach. Blut schoss. Es verschmierte seine Brille.

Er hörte Betty schreien.

Einer der Männer hielt sie fest.

176

Ein Tritt traf ihn im Unterleib. Ein nie erlebter Schmerz explodierte in Bauch und Hoden. Er krümmte sich nach vorne.

„Nein", schrie Betty, dann hielt ihr einer der Kerle den Mund zu, und Martin hörte nur noch gurgelnde Geräusche.

Vor Schmerz verlor er fast die Besinnung. Aber er wollte ihr helfen und drehte sich zu ihr hin.

Da traf ihn ein dritter Schlag, hart und präzise mit einem Schlagring ausgeführt, unters rechte Ohr.

Das schreckliche, berstende Geräusch, als sein Kiefer brach, war das Letzte, was er hörte. Klein ging zu Boden. Sein Kopf schlug hart auf die Steinplatten. Die Tritte, die drei seiner Rippen brachen, spürte er nicht mehr.

Zitiert aus: „Das München-Komplott" von Wolfgang Schorlau,
© 2009, Verlag Kiepenheuer & Witsch GmbH & Co. KG, Köln, S. 243–244

Buch & Plakat – das Antiquariat im Bohnenviertel

Seit August 2008 gibt es auch wieder ein Antiquariat im Quartier, nämlich Buch & Plakat, das sich direkt neben dem Bischof-Moser-Haus befindet. Ein mutiger Schritt, denn viele Antiquariate geben ihr Ladengeschäft auf. Neueröffnungen sind in dieser Branche wirklich selten.

Aber das Ehepaar Tetzlaff wagte den Schritt und bezog das nur 33 Quadratmeter große Ladengeschäft in der Wagnerstraße 43. Einfach ist es nicht, oft herrscht das Gefühl vor, ein schwankendes Schiff durch die Wellen zu steuern, aber noch ist es nicht gekentert und hoffentlich bleibt das so.

Abb. 33 Blick in den Laden von Buch & Plakat

Die Kunden und Kundinnen schätzen es, dass man sich Zeit lassen, richtig stöbern und sich in der Leseecke auch mal aufs Sofa setzen und in ein Buch hineinlesen kann, damit man weiß, ob es das richtige ist. Natürlich werden Kunden auch beraten, z. B. wenn es um ein Geschenk geht. Aber die meisten, die in den Laden kommen, wollen selbst auf Entdeckungstour gehen und einfach schauen, was es gibt.

Außer Büchern und Plakaten, die vor allem eine jüngere Klientel anziehen, kann man hier auch aktuelle Bücher bestellen, Briefmarken kaufen, ein Service, der vor allem von den Älteren geschätzt wird, die ungern an den Automaten ihre Briefmarken rauslassen. Seit einiger Zeit führt Buch & Plakat auch ausgewählte Fair-Trade-Produkte, mit denen soziale Projekte in den Herkunftsländern unterstützt werden, und auch ökologisch angebauten Wein, den man allerdings nicht vor Ort probieren kann.

Einmal im Monat gibt es eine kleine Veranstaltung zu einem speziellen Thema. Die Veranstaltungen kosten keinen Eintritt und haben mittlerweile auch Stammgäste. In den Sommerferien findet im Garten der Weinstube „Schellenturm" am Samstagnachmittag ein Lesegarten statt, der seine Liebhaber und Liebhaberinnen gefunden hat und vom Bezirksbeirat Mitte der Landeshauptstadt Stuttgart dankenswerterweise gefördert wird.

Auch einen Bücherflohmarkt veranstaltet das Antiquariat Buch & Plakat einmal im Jahr. Hier können Privatleute ihre überzähligen Bücher verkaufen. Die letzten beiden Male konnte er im Garten der Weinstube „Schellenturm" stattfinden, und es steht zu hoffen, dass er auch in Zukunft dort stattfinden kann, denn die Atmosphäre des Gartens ist einfach schön. Langsam fängt der Bücherflohmarkt auch an, sich zu etablieren, was vor allem den privaten Verkäufern zugute kommt.

Von März bis Oktober werden zudem Stadtspaziergänge von Buch & Plakat angeboten, die allerdings nicht kostenfrei sind. Ein neu ins Quartier hinzugezogenes Geburtstagskind hat sich einmal für sich und seine Gäste etwas Besonderes einfallen lassen und eine Führung durchs Bohnenviertel bei Buch & Plakat gebucht, nur für sich und die Geburtstagsgäste. Eine hübsche Idee, die allen Spaß gemacht hat und vielleicht noch Schule macht.

Wie viele andere im Quartier muss aber auch das Ehepaar Tetzlaff gegen den Vandalismus im Quartier kämpfen. Alles was nicht fest mit dem Haus verankert ist, verschwindet: Die liebevoll eingepflanzten Pflanzen werden ausgegraben, und das immer wieder. Auch eine Eule, ein Geschenk zur Eröffnung von lieben Freunden, ist mittlerweile gestohlen worden. So etwas ärgert einen natürlich! Aber das ist nicht das Wesentliche im Quartier, und vielleicht nimmt der Vandalismus ja auch mal wieder ab!

Wie kommt Maria Stuart ins Bohnenviertel?

„Maria Stuart Interiors" heißt der Laden, den Dana Veith im März 2103 ganz mutig in der Wagnerstraße eröffnet hat. Es ist ihr erstes Ladengeschäft überhaupt, und der Bezug zu Schottlands unglücklicher Königin naheliegend, ist sie doch selbst eine halbe Schottin. Ihre Mutter ist eine waschechte Schottin, und sie selbst hat gerne in Schottland gelebt und dort auch studiert.

Das Sortiment von „Maria Stuart Interiors" besteht aus ausgewählten, zum Teil antiken Möbeln und Wohnaccessoires aus Schottland. Die Liebe zu antiken Möbeln entwickelte sie durch ihren Großvater, der eine Schreinerei betrieb. Aber bis sie sich den Möbeln zuwenden konnte, dauerte es ein bisschen. Nach dem Studium stand erst einmal Geldverdienen im Vordergrund: Sie arbeitete einige Jahre lang in der Marketingabteilung eines Energieversorgers.

Nach 10 Jahren hatte sie das Gefühl, dass es jetzt genug wäre und die Energiewende auch ohne sie stattfinden könne. Die lange unterdrückte Liebe zu schottischen Antiquitäten brach sich jetzt Bahn und sie beschloss, sich damit selbstständig zu machen. „Ikea ist nicht alles – die Leute wollen Qualität und geschmackvolle Möbel zu Hause haben." Die Gewissheit, dass diese Idee trägt, bezog sie von dem Vorbild ihrer Mutter, die damit in Darmstadt seit 10 Jahren erfolgreich ist.

Dass sie selbst ihren Traum gerade in Stuttgart verwirklichte, lag auch an der Liebe, nämlich an der Liebe zu ihrem Mann, die bewirkte, dass sie sich in Stuttgart niederließ. Er zeigte ihr das Bohnenviertel, und das Flair dieses ältesten, noch erhaltenen Teils der historischen Innenstadt entfachte in ihr eine zweite Liebe: eben die zu diesem Stadtquartier – hier passte einfach alles zusammen.

Glücklicherweise war auch ein geeignetes Ladenlokal gerade frei. Der Mix aus alten Handwerksbetrieben, urigen Lo-

Abb. 34 Blick in „Maria Stuarts Interiors"

kalen, Galerien, Straßen mit Kopfsteinpflaster, altem und neuem Baubestand hatten es ihr angetan. Die Randlage in der Innenstadt reizt sie als Herausforderung, sie möchte mit ihrem Sortiment zur Belebung des Bohnenviertels beitragen. Frau Veith weiß auch zu schätzen, dass das Quartier noch nicht der Gefahr der Gentrifizierung ausgesetzt ist, hier leben noch „normale" Menschen, es ist eben kein reines Ladenviertel, es existieren normale soziale Beziehungen, auch zwischen Händlern und ihrer Klientel. Das negative Beispiel dazu hat sie in den 1990er-Jahren in Berlin am Prenzlauer Berg erlebt, da hebt sich das Bohnenviertel zum Glück positiv dagegen ab.

In gewisser Weise sind Schwaben und Schotten ja auch wesensverwandt, sie sind bodenständig und bescheiden, um nicht zu sagen sparsam. Deshalb gab es auch keinerlei „Integrationsprobleme". Sie hat ihre Entscheidung für das Bohnenviertel nicht bereut, „Maria Stuart Interiors" läuft gut, wenn es so bleibt, ist sie zufrieden.

Stuttgart als Ganzes gefällt ihr als Stadt sehr gut, obwohl viele Freunde ihren Umzug sehr skeptisch gesehen haben: „Was, nach Stuttgart??? – Aha", hieß es. Natürlich entgeht ihr auch nicht, dass es starke Bestrebungen gibt, die Innenstadt „gesichtslos" zu modernisieren wie in allen Großstädten, aber sie hat den Eindruck, dass an den Rändern der Innenstadt kleine inhabergeführte Fachgeschäfte wieder im Kommen sind, auch und gerade hier im Bohnenviertel. Hier möchte sie mit ihrem Laden, der ihre individuelle Handschrift trägt, mithelfen, diese Entwicklung zu stärken. Weniger gefällt ihr, dass die Stadtverwaltung so „zäh" auf Initiativen der Gewerbetreibenden, die Ideen zur Belebung entwickeln, reagiert. Die Genehmigung von Hinweisschildern dauert 2 Jahre(!) nach Antragstellung. Überrascht wurde sie auch von der Intensität des „Rotlichtproblems", obwohl sie in der unteren Wagnerstraße nur ganz am Rande davon betroffen ist.

Aber insgesamt, wenn sie Bilanz zieht, ist klar: Die Entscheidung, hierher zu kommen, war richtig. Sie ist mit allem richtig glücklich, mit dem Standort, mit den Nachbarn und mit dem Quartier sowieso. Einen Wunsch hat sie noch: Wenn sie aus ihrem Laden Richtung Innenstadt schaut, wäre es schön, wenn sie irgendwann die Innenstadt auch sehen könnte und nicht nur den Riegel des Breuninger-Parkhauses. Selbstverständlich weiß sie, dass das im Moment nur Wunschdenken ist. Realistischer ist da der Wunsch, dass sich in der Region und in der Stadt selbst herumspricht, was für ein tolles Stück Stuttgart das Bohnenviertel ist und dass es sich lohnt, hier zu bummeln, einzukaufen oder in einem Bistro sich zu entspannen, quasi in der eigenen Stadt ein paar Stunden „Urlaub" zu machen.[97]

Mit scharfem Auge im Bohnenviertel: Götz Wintterlin und die Galerie Pixxl[98]

Auch Götz Wintterlin ist noch neu im Quartier. Seit wenigen Monaten betreibt er in der Brennerstraße 21 seine Galerie für Fotografie und Fotokunst. Er fotografiert seine Bilder selbst, um sie auszustellen und schließlich auch zu verkaufen. Aber auch andere Künstler und Künstlerinnen können bei ihm ausstellen. Seine Eröffnungsvernissage war gut besucht, und er ist zuversichtlich, sich auf Dauer hier etablieren zu können. Der Betrieb einer Fotogalerie ist ihm nicht an der Wiege gesungen worden, obwohl er sich seit seiner Jugend intensiv mit dem Fotografieren befasste.

Trotz seines alemannischen Namens ist er gebürtiger Stuttgarter, die Familie ist seit dem 17. Jahrhundert hier ansässig. Er studierte Architektur, und irgendwann landete er in Freiburg i. Br., wo er 18 Jahre lang im Baurechtsamt der Stadt seine Brötchen verdiente. Über die Möglichkeit der Altersteilzeit konnte er in Freiburg seinen Traum einer Fotogalerie verwirklichen. In wenigen Jahren wurde die Galerie im südbadischen Raum ein Begriff für experimentelle Fotografie.

Sein Umzug nach Stuttgart fand Ende 2012 statt, weil seine Frau hier eine neue berufliche Tätigkeit gefunden hatte. Zum Bohnenviertel hat Götz Wintterlin alte Beziehungen: Während seines Studiums engagierte sich der Architekturstudent gegen die damaligen Abrisspläne der Stadt: Er verkaufte am Schellenturm selbst gekochte Bohnensuppe(!) als fantasievolle (und nahrhafte) Protestaktion.

So traf es sich glücklich, dass gerade zu diesem Zeitpunkt ein geeignetes Objekt frei war, und im April 2013 konnte die Eröffnung der neuen Galerie Pixxl gefeiert werden. Seine Bilder und ihre Inhalte haben sich im Lauf der Jahre stark geändert: Hatte er sich jahrelang mit Porträts befasst, do-

Abb. 35 In der Galerie Pixxl

kumentieren seine Fotografien heute oft die Faszination, die von Verfallenem und Morbidem ausgeht, völlig abseits vom Gefälligen, Schönen. Ihn interessieren die Gefühle „hinter" der sichtbaren Realität, die im Motiv stecken und die beim Betrachter entstehen.

Um dieses Ergebnis zu erzielen, werden natürlich auch moderne Technologien genutzt. Durch eine intensive Bearbeitung am Rechner erreicht Götz Wintterlin, dass die Emotionen des Motivs sichtbar gemacht werden. Begonnen hatte dieser Wandel 1999 auf einer Venedigreise. Damals nahm er sich einen Tag „frei" und zog mit dem Fotoapparat los, um dem „Geheimnis Venedig" auf die Spur zu kommen. Das Ergebnis bestand aus einer Serie von Schaufensterfotos, die ungeheuer erfolgreich war. Aus dieser Serie sind ca. 20 Bilder verblieben, die noch im Sortiment sind. Der Umstieg auf die digitale Fotografie erweiterte die Möglichkeit der künstlerischen Bildgestaltung beträchtlich.

Was ihm an Stuttgart besser gefällt als an Freiburg, ist die Tatsache, dass die Szene im Bereich Bildende Kunst offener und interessierter ist, als das im Breisgau der Fall war. Auch geht die positive Resonanz hier durch alle Altersgruppen hindurch.

Es ist für ihn selbstverständlich, sich im Quartier zusammen mit anderen zu engagieren, um die Qualitäten des Stadt-quartiers wieder stärker ins Blickfeld zu rücken. Das ist der sicherste Weg, mehr Menschen ins Bohnenviertel zu bringen und es lebendig zu halten.

Wie wohnt es sich im Quartier?

Gespräch mit Frau F. aus der Wagnerstraße[99]

Frau F. wohnt seit sieben Jahren im Bohnenviertel. Ihr erster Kontakt mit dem Quartier liegt aber schon viel länger zurück. In den 1980er-Jahren traf man sich nämlich in der Weinstube „Eger" und im „Basta", das zu der Zeit noch von der legendären Frau Köhler geführt wurde und auch noch seine winzige Terrasse hatte. Damals entstand ihre Liebe zum Bohnenviertel. War das „Eger" der Treffpunkt der Jüngeren, traf sich im „Basta" ein eher gesetzteres Publikum. Die Sanierung hatte die Wagnerstraße noch nicht erreicht, hier standen noch jede Menge alte, vernachlässigte Gebäude mit schiefen Klappläden. Alles strömte einen morbiden Charme aus. Ziel der Sanierung war die Schaffung eines gemischten Innenstadtquartiers, mit Wohnungen, Einzelhandel und Handwerksunternehmen. Dieses Ziel wurde nach Eindruck von Frau F. erreicht, und das gilt bis heute.

Viele der Gewerbetreiben sind seit Jahrzehnten hier ansässig, neue kamen hinzu. Auch die Mischung der Wohn-

bevölkerung „stimmt" für Frau F., es leben Alte und Junge,
Künstler, Sozialhilfeempfänger und besser Verdienende har-
monisch zusammen. Frau F. empfindet das Wohnen im
Bohnenviertel als sehr angenehm, das Quartier hat was von
einem „Dorf" mitten im Zentrum der Großstadt – ohne
wirklich dörflich zu sein. Lange gab es eine Gruppe von
älteren Herren, die am Weberplatz sich die Zeit mit Boule
vertrieben und so das leicht südliche Flair des Quartiers zusätzlich betonten.

Man trifft im Sommer immer wieder Menschen, die vor ihren Häusern sitzen, ein Glas Wein trinken und einen Schwatz
mit den Nachbarn halten. Sie bereut ihren Umzug in dieses

Quartier bis heute nicht, gerade auch der hohe Migranten-
anteil (80 %) macht das Leben hier reizvoll.

Gleichwohl sieht sie, dass es Schattenseiten gibt, die man
nicht ignorieren kann: Die ausufernde Straßenprostitution
zum Beispiel, die auch vor Kinderspielplätzen nicht halt-
macht. Kinder nehmen sehr wohl war, dass da etwas Merk-
würdiges abgeht: „Mama, warum ist die so komisch ange-
zogen?" Ein weiterer Nachteil ist der Verkehr auf der
Hauptstätter Straße, dessen Geräuschpegel man nicht entgeht. Es wäre besser, man würde die Autos unter der Erde
durch die Stadt führen. Das würde auch die Luft verbessern,
die zumindest im Sommer sehr zu wünschen übrig lässt.

Problematisch sind auch die Jugendgangs, die sich immer
wieder neu bilden. Ist die eine weg, kommt die andere. Nicht,
dass es sich um schwere Jungs handelt, aber deren Sprüche
lassen auch erwachsene Männer erröten, von den älteren Damen, die das Bischof-Moser-Haus besuchen, ganz zu schweigen. Das sind natürlich keine Vorbilder für das eigene Kind.

Toll findet Frau F., dass sich nach der Sanierung ein pri-
vater Verein gebildet hat, der im schön sanierten Gebäude
Rosenstraße 36 einen Waldorf-Kindergarten betreibt: Al-
lerleirauh e.V. Als überzeugte Waldorf-Anhängerin – ihr
10-jähriger Sohn geht in die Waldorfschule Uhlandshöhe –
findet sie diese Einrichtung eine Bereicherung für das Quartier mit seinen vielen Kindern.

Das Flair der Wagnerstraße wurde geprägt durch den legendären Trödelhändler Peter Kuhn, der jahrelang die Straße

mit seinen alten Möbeln möblierte, sein Vis-à-Vis, Norbert Ravizza mit seiner Frau Angela, sind würdige Nachfolger geworden. Jahrelang lockte das „Begums" mit ausgefallener Mode Publikum in die Straße. Auch dass das „BitterSweet", mehr Café als Laden, schließen musste, hat dem Quartier nicht gutgetan.

In den letzten Jahren vollzieht sich auch so was wie ein Generationenwechsel bei den Geschäften. Gottseidank zum Positiven: Die neuen Läden haben meist eine künstlerische, kreative Note, die gut ins Viertel passt. Wenn das Züblin-Parkhaus abgerissen ist, wäre es wünschenswert, dass die Neubebauung das historische Straßenraster wieder aufgreift und ein hoher Anteil an „normalen" Wohnungen entstehen würde, die sich ins Bohnenviertel stilgerecht einfügen.

Noch ein Bewohner kommt zu Wort

Herr D. wohnt seit 10 Jahren in der Wagnerstraße. Er kam im Jahr 2000 zum ersten Mal ins Bohnenviertel und ihm war schnell klar: „Hier will ich hinziehen!" Er lebte damals im Stuttgarter Westen, und wie der Zufall so spielt – drei Jahre später war es so weit – er zog in eine kleine Wohnung in der Wagnerstraße. Dabei hatte er durchaus gern im Westen gelebt, fand aber das Bohnenviertel „kuscheliger", intimer als den Westen. Er beschreibt sich selber als kontaktfreudigen Typ, der überhaupt keine Probleme hat, neue Freunde zu finden. Was ihm gefällt, ist dieser „dörfliche"

Abb. 37
Blick in die
Wagnerstraße

Charakter des Quartiers, wo schnell jeder einen kennt, grüßt
oder auch in einen Schwatz verwickelt. Da geht es im Westen anonymer zu. Von den elf Nachbarn in dem Haus nahe
des Feuersees kannte er letztlich nur drei oder vier wirklich.
Das Bohnenviertel ist eine Art „Dorf" mitten in der Großstadt, und zwar im positiven Sinne.

Eine wichtige Rolle dieses sozialen Miteinanders spielt für
ihn auch die Gaststätte „Brett" des griechischen Ehepaars
Kokozidou. Das „Brett" ist etwas, was es sonst kaum mehr

gibt: Eine kleine, unprätentiöse Eckkneipe. Hier geht es nicht steif und förmlich zu, Kontakte werden schnell geknüpft, auch mit Fremden. Für viele Bewohner und Bewohnerinnen des Viertels ist das „Brett" so was wie ein „verlängertes Wohnzimmer mit Anschluss", auch das ist Bestandteil des guten sozialen Miteinanders. „Wenn dir daheim die Decke auf den Kopf fällt, dann gibt's immer noch das ‚Brett', dort triffst du immer jemand" (Anmerkung: und Fußball schauen kann man am Samstagnachmittag dort auch).

Seit sechs Jahren arbeitet Stefan D. in einem Seniorenheim im Stuttgarter Osten. Er betreibt dort die Cafeteria. Eine anstrengende Arbeit, aber er bekommt auch unheimlich viel zurück, sowohl von seinen „Alten" als auch von deren Angehörigen, das macht seine Arbeit so befriedigend. „Du kommst nach drei Wochen Urlaub zurück, und alle freuen sich wirklich, dass du wieder da bist."

Im Bohnenviertel lebt Stefan D., im Westen hat er gewohnt. Das macht den Unterschied aus: Er kann sich nicht mehr vorstellen, woanders hinzuziehen. Eine Nachbarschaft, in der von Schwaben über Afrikaner bis zu Pakistanis alle friedlich zusammenleben, macht das Leben hier spannend, auf keinen Fall langweilig. Dieses Multikulti bezieht sich nicht nur auf die Menschen, das schlägt sich auch in der Gastronomie nieder. Von Schwäbisch, Griechisch, Vietnamesisch, Chinesisch, Japanisch bis Afrikanisch reicht die Palette – auch das ist Lebensqualität, die das Bohnenviertel bietet. Hier will Stefan D. auf jeden Fall in Rente gehen.[100]

Auch Frau M. wohnt und lebt im Bohnenviertel. Allerdings lebt sie erst seit Kurzem mit ihren beiden Kindern hier im Quartier. Sie wollte nach ihrer Scheidung direkt nach Stuttgart ziehen, da sie als Altenpflegerin für die Caritas-Sozialstation im Stuttgarter Westen arbeitet. Über die Caritas hat sie auch ihre Wohnung im Bohnenviertel bekommen. Dass die neue Wohnung gerade im Bohnenviertel liegt, kommt ihr sehr entgegen. Eine gute Freundin wohnte viele Jahre in der Brennerstraße – sie kannte daher das Viertel bereits, nicht zuletzt wegen des Bohnenviertelfestes.

Hier gibt es ausreichend Spielplätze für ihre Kinder, und sie bekam schnell Kontakt zu den Nachbarn. Sie findet das Bohnenviertel sehr interessant, es gibt viele alte Häuser, und sie interessiert sich auch sehr für die Geschichte „hinter" den Gebäuden.

Abb. 38 Spielplatz im Bohnenviertel

193

Abb. 39 Alltag im Bohnenviertel

Frau M. kam im Alter von 19 Jahren aus Rumänien, wo sie nach dem Abitur keine Perspektive für sich sah, nach Deutschland. Ohne Sprachkenntnisse war es ihr nur möglich, einfache Arbeiten zu verrichten, was ihr auf Dauer zu wenig war. Sie lernte selber Deutsch, unterstützt von Freunden, die sie sicherlich mit ihren Fragen oft genervt hat. Sie entwickelte den Willen, hier etwas Besseres aus ihrem Leben zu machen. Mit einer Ausbildung zur Altenpflegerin kam sie zu dem Beruf, in dem sie heute arbeitet.

Was ihr im Bohnenviertel besonders gefällt, ist das offene Miteinander der Leute, in der warmen Jahreszeit findet ganz viel vom Leben im Freien statt, und alle Einrichtungen, die man so braucht, sind zu Fuß erreichbar. Dies lässt auch das Fehlen eines Balkons und eines Gartens verschmerzen, was sie an ihrem alten Wohnort besaß. Auch ihre Kinder haben nach kurzer Zeit schnell Kontakt zu anderen Kindern bekommen, der Ältere geht ab September in die nahe Jakobsschule. Beunruhigend findet sie, dass der „Bolzplatz" in der Wagnerstraße abends oft von jungen Erwachsenen benutzt wird, die Müll und vor allem leere Flaschen hinterlassen. Das ist natürlich unschön!

Dennoch hat sie ihre Entscheidung, ins Bohnenviertel zu ziehen, noch keinen Moment bereut: Sie und ihre Kinder fühlen sich im Bohnenviertel wohl. Sie möchte auf jeden Fall noch viele Jahre hier wohnen!

Ein Resümee

Auch am Bohnenviertel geht der technologische Wandel nicht vorbei. Die Beziehungen zwischen Kunden bzw. Gästen und Ladeninhabern oder Gastronomen haben sich deutlich verändert. Vieles ist durch das Internet transparenter geworden, Restaurants werden beurteilt, die Gäste können sich über das Internet austauschen, Warenpreise können geprüft werden. Andererseits bieten die neuen Medien auch eine ungeheure Werbeplattform für jeden Unternehmer.

Natürlich weiß jeder, dass z. B. Beurteilungen von Lokalen etc. auch „getürkt" werden können. Der Umgang mit der Preistransparenz ist für kleine Ladeninhaber nicht ganz einfach, denn sie können preislich natürlich nicht mit Giganten wie Amazon oder Zalando mithalten. Dafür bieten sie keine Massenware an, sondern individuellere Produkte. (Über die inzwischen bekannt gewordenen Arbeitsbedingungen bei Amazon soll hier nichts gesagt werden, sie gelten als bekannt.)

Eine angenehme Einkaufsatmosphäre, kein Massenbetrieb, persönlicher Kontakt, kompetente Beratung durch den Fachmann bzw. die Fachfrau und die Chance, die angebotene Ware mit allen Sinnen wahrzunehmen. Hier bietet sich die Möglichkeit, wieder eine ursprüngliche Beziehung zum Kunden herzustellen, die auf Vertrauen und Kompetenz gegründet ist.

Dies streben die Gewerbetreibenden im Bohnenviertel an und setzen es auch um. Unterstützt werden sie im Bohnenviertel durch das einmalige Ambiente dieses Quartiers.

Viele der alten „Bohnenviertler", die die 1960er- und 1970er-Jahre im Quartier erlebt haben, bedauern heute, dass die aufmüpfige Stimmung von damals verschwunden ist. Der Kampf gegen den Abriss des Quartiers hat Bewohner, Bewohnerinnen und Gewerbetreibende damals zusammengeschweißt. Davon ist heute nicht mehr viel zu spüren. Vergessen wird aber oft, dass man schließlich ja Erfolg hatte. Ohne seine rührigen Einwohner würde das Bohnenviertel in dieser Form nicht mehr existieren. Erhalten geblieben ist die bunte Mischung an Gastronomie, kleinen, inhabergeführten Läden aller Art, Handwerksbetrieben und kreativ Tätigen. Zum Quartier gehören aber auch die Bewohner und Bewohnerinnen, egal, ob gut situierter Wohnungseigentümer oder Hartz-IV-Empfänger mit Wohnberechtigungsschein. Sie alle gehören dazu und prägen das Quartier. Und so sollte es bei allen Veränderungen, die zwangsläufig kommen werden, auch bleiben!

Rezept für einen Bohnenkuchen

Eine große Dose dicke Bohnen gut abtropfen lassen, die Bohnen von Hand aus der Haut lösen und pürieren. Vier Eier trennen und die Eidotter mit ca. 130 g Rohrzucker (oder Roh-Rohrzucker) schaumig rühren. Die Eigelbmasse mit dem Bohnenpüree und etwas Orangensaft verrühren. Eine Prise Ingwerpulver und das Mark einer Vanilleschote zugeben.

100 g Mehl und 4 Teelöffel Backpulver sieben und langsam unter die Ei-Bohnen-Masse geben. Das Eiweiß mit einer Prise Salz steif schlagen und vorsichtig mit einem Holzlöffel unter die Masse heben.

Das Ganze in eine Kastenform (gebuttert oder mit Backpapier ausgelegt) geben. Im vorgeheizten Ofen bei ca. 175 Grad 30 bis 40 Minuten backen (Ober- und Unterhitze). Nach dem Backen gut abkühlen lassen und mit etwas Puderzucker bestäuben.

Guten Appetit!

Zum Schluss

Das Bohnenviertel erreicht man am besten mit öffentlichen Verkehrsmitteln. Es bieten sich drei Haltestellen an: „Olga-eck", „Charlottenplatz" und „Rathaus". Es ist also von überall her gut zu erreichen. Für Autofahrer und Autofahrerinnen stehen das Bohnenviertel-, das Breuninger- und das Züblin-Parkhaus zur Verfügung (alle gebührenpflichtig). Außerhalb der Parkhäuser darf im Quartier nicht geparkt werden, die meisten Straßen sind als „Fußgängerzone" ausgewiesen und dürfen zum Be- und Entladen nur von 18 bis 11 Uhr befahren werden.

Die Geschäfte im Bohnenviertel haben übrigens eine Besonderheit: Es gibt keine einheitlichen Öffnungszeiten! Viele Läden haben z. B. am Vormittag geschlossen, sind aber gerne bereit, nach Absprache auch außerhalb der eigenen Öffnungszeiten mal zur Verfügung zu stehen.

Leider konnte nicht mit allen Ladeninhabern, Handwerkern, Gastronomen, Mitarbeitenden von Einrichtungen, Bewohnern und Bewohnerinnen Gespräche geführt werden. Es waren einfach nicht alle greifbar oder konnten es zeitlich nicht einrichten. So ist diese Auswahl subjektiv und bedeutet keinesfalls, dass die nicht näher erwähnten Geschäfte oder Firmen nichts zu bieten hätten. Gehen Sie einfach selbst auf Entdeckungstour im Bohnenviertel!

Anmerkungen

1 West, Fritz: So ist Stuttgart, S. 102
2 Dolmetsch, Eugen, S. 113–116
3 Decker-Hauff, Hansmartin, S. 222 f.
4 Zanker, Richard, S. 16
5 Pfaff, Karl, Band 1, S. 32 ff.
6 zitiert nach Freudenberger, Hermann, Schwabenreport 1900–1914, S. 23
7 Freudenberger, Hermann, Schwabenreport 1900–1914, S. 24 f.
8 Pfaff, Karl, Band 1; S. 37
9 Lenz, Hermann, S. 378
10 West, Fritz, S. 30
11 Chronik der Haupt- und Residenzstadt Stuttgart 1898, S. 144
12 Ferchl, Irene, S. 159 f.
13 Johannes Reuchlin, Detail eines Holzschnitts aus einem Einblattdruck von 1516 (Wikipedia)
14 Johannes Reuchlin – der Humanist, S. 19
15 Renz, Günter (Verantw.) S. 10
16 Chronik der Haupt- und Residenzstadt Stuttgart 1901, S. 108
17 Freudenberger, Hermann, Schwabenreport 1900–1914, S. 42
18 Renz, Günter (Verantw.), S. 11
19 Renz, Günter (Verantw.), S. 5
20 Decker-Hauff, Hansmartin, S. 312
21 Hagel, Jürgen, S. 43
22 Pfaff, Karl, Band 1, S. 36
23 Hahn, Joachim, S. 528
24 Hahn, Joachim, S. 529
25 Raith, Anita, Herzogtum Württemberg. In: Hexen und Hexenverfolgung im deutschen Südwesten. S. 197–206
26 Pfaff, Karl, Band 1, S. 361
27 Stadtarchiv Stuttgart, Nr. 169, 1644
28 Ackermann, Frank: Schiller als Schüler, S. 319
29 Ackermann, Frank: Schiller als Schüler, S. 359
30 zitiert nach Ackermann, Frank: Schiller als Schüler, S. 376
31 das Kapitel über die Seifenherstellung und die Geschichte der Firma Seifen-Lenz geht auf ein Interview mit Herrn Heinz Rittberger am 04.07.2013 zurück
32 Zanker, Richard, S. 59
33 Sauer, Paul: Geschichte der Stadt Stuttgart. Band 3, S. 248
34 Sauer, Paul: Geschichte der Stadt Stuttgart. Band 3, S. 249
35 Sauer, Paul: Geschichte der Stadt Stuttgart. Band 3, S. 257
36 Sauer, Paul: Geschichte der Stadt Stuttgart. Band 3, S. 257
37 Zanker, Richard, S. 36
38 Zanker, Richard, S. 51
39 Zanker, Richard, S. 51

40 Hagel, Jürgen, Maskenfest,
S. 26

41 Hagel, Jürgen, S. 35

42 Chronik der Haupt- und
Residenzstadt Stuttgart 1898,
S. 31

43 Chronik der Haupt- und
Residenzstadt Stuttgart 1898,
S. 141

44 Chronik der Haupt- und
Residenzstadt Stuttgart 1901,
S. 113

45 Chronik der Haupt- und
Residenzstadt Stuttgart 1901,
S. 114

46 Zanker, Richard, S. 36

47 Freudenberger, Hermann,
Schwabenreport 1900–1914,
S. 170

48 Chronik der Haupt- und
Residenzstadt Stuttgart 1898,
S. 98

49 Chronik der Haupt- und Residenzstadt Stuttgart 1900, S. 23

50 Chronik der Haupt- und
Residenzstadt Stuttgart 1900,
S. 32

51 Chronik der Haupt- und
Residenzstadt Stuttgart 1901,
S. 25

52 Chronik der Haupt- und
Residenzstadt Stuttgart 1900,
S. 49

53 Chronik der Haupt- und
Residenzstadt Stuttgart 1901,
S. 35

54 Chronik der Haupt- und Residenzstadt Stuttgart 1900,
S. 175

55 Chronik der Haupt- und
Residenzstadt Stuttgart 1900,
S. 175 f.

56 http://www.sigel-management.
de/news.h10.PDF

57 http://m.stuttgarter-zeitung.
de/inhalt.jahr-des-autos-1-
geschichte-kommt-ins-
rollen.1c1cbda9-0629-4209-
a8bf-ecd5e39fc502.html

58 Chronik der Haupt- und
Residenzstadt Stuttgart 1898,
S. 42

59 Freudenberger, Hermann,
Schwabenreport 1900–1914,
S. 169

60 zitiert nach Löffel, Wilhelm
(Knöpfle): Kraut ond Rüaba,
S. 50

61 zitiert nach Löffel, Wilhelm
(Knöpfle): Kraut ond Rüaba,
S. 52

62 zitiert nach Löffel, Wilhelm
(Knöpfle): Kraut ond Rüaba,
S. 110

63 Greiner, Michael, S. 103 f.

64 Faut, Gertrud, S. 5

65 Faut, Gertrud, S. 38

66 Faut, Gertrud, S. 43

67 Beispiele aus Josenhans, Marie:
Meine alten Weiblein

68 Zanker, Richard, S. 60

69 Chronik der Haupt- und
Residenzstadt Stuttgart 1901,
S. 146

70 Freudenberger, Hermann,
Schwabenreport 1900–1914,
S. 33

71 Freudenberger, Hermann,
Schwabenreport 1900–1914,
S. 77 ff.

72 Zanker, Richard, S. 56

73 Zanker, Richard, S. 55

74 Zanker, Richard, S. 53

75 zitiert nach Zanker, Richard,
S. 53

76 dieser Passage liegt ein
Gespräch mit Rudolf Reutter
im August 2013 zugrunde

77 Hommel, Kurt: Gino Neppach
unpag.

78 Zanker, Richard, S. 59

79 Zanker, Richard, S. 63

80 Lenz, Hermann, S. 407

81 die Informationen über das
Schriftstellerhaus entstammen
der Homepage des Hauses

82 Freudenberger, Hermann,
Schwabenreport 1918–1933,
S. 45

83 Freudenberger, Hermann,
Schwabenreport 1900–1914,
S. 87

84 Details zu den Planungen im
Nationalsozialismus findet
man bei Schneider, Wolfgang
Christian: Planung und
Gestalt des nationalsozialisti-
schen Stuttgarts

85 Kafoussias, Georg/Kosmidis,
Dimitri, S. 17

86 Kafoussias, Georg/Kosmidis,
Dimitri, S. 22

87 Kafoussias, Georg/Kosmidis,
Dimitri, S. 32 f.

88 dem Text liegt ein Gespräch
mit Frau Kokozidou im
August 2013 zugrunde

89 Gohl, Ulrich: Gesichter ihrer
Zeit. S. 75

90 Lenz, Hermann, S. 378

91 Bohnenpost Nr. 2, S. 13

92 diesem Absatz liegt ein
Interview mit Beate Schickler
vom 21.07.13 zugrunde

93 dem Text über den „Blumenladen" liegt ein Gespräch mit
Rainer Engel Mitte August
2013 zugrunde

94 das Gespräch mit Frau
Steinmeyer wurde Ende Juli
2013 geführt

95 das Gespräch mit Herrn
Zwinz fand Ende Juli 2013
statt

96 Zusammenfassung eines
Interviews mit Günter Sulz im
August 2013

97 dem Teil über Dana Veith und
„Maria Stuart Interiors" liegt
ein Interview im Juli 2013
zugrunde

98 dem Text über Götz
Wintterlin und die Galerie
Pixxl liegt ein Interview im Juli
2013 zugrunde

99 Interview mit einer Bewohne-
rin des Quartiers am
24.07.2013

100 das Gespräch mit Stefan D.
fand Anfang August 2013 statt

101 das Gespräch mit Frau M.
fand Mitte August 2013 statt

Sachregister

Personenregister

Literaturverzeichnis

Ackermann, Frank: Schiller als Schüler. Eine unbekannte Jugend. Stuttgart 2009.

Bohnenpost. Zeitung der Bürgerinitiative Bohnenviertel. Nr. 1 bis Nr. 10 (letzte Nummer).

Decker-Hauff, Hansmartin: Geschichte der Stadt Stuttgart. Band I: Von der Frühzeit bis zur Reformation. Herausgegeben von der Städt. Sparkasse und der Städt. Girokasse Stuttgart. Stuttgart 1966.

Dolmetsch, Eugen: Bilder aus Alt-Stuttgart. Nacherzähltes und Selbsterlebtes. Stuttgart 1930.

Engisch, Helmut: Der schwäbische Büffelkönig und die Löwenmadam. Ergötzliche Geschichten von couragierten und kuriosen Schwaben. Stuttgart 1998.

Faut, Gertrud: Marie Josenhans. Die Mutter der „Alten Weiblein". Ein Lebensbild. Stuttgart 1927.

Ferchl, Irene: Stuttgart. Literarische Wegmarken in der Bücherstadt. Stuttgart 2000.

Freudenberger, Hermann (= **Knitz**): Schwabenreport 1900–1914. Aalen 1976.

Freudenberger, Hermann (= **Knitz**): Schwabenreport 1918–1933. Der Kaiser geht, der Führer kommt. Stuttgart 1988.

Gemeinderat Stuttgart (Hrsg.): Chronik der Königlichen Haupt- und Residenzstadt Stuttgart 1898. Stuttgart. 1899.

Gemeinderat Stuttgart (Hrsg.): Chronik der Königlichen Haupt- und Residenzstadt Stuttgart 1900. Stuttgart 1901.

Gohl, Ulrich: Gesichter ihrer Zeit. Unbekannte Stuttgarter Bau- und Kulturdenkmale. Tübingen/Stuttgart 1992.

Greiner, Michael: Mein Stuttgart. Stuttgart-Bad Cannstatt 1949.

Hagel, Jürgen: Maskenfest und Mammutzähne. Episoden aus Stuttgarts Vergangenheit. Tübingen 2000.

Hommel, Kurt: Gino Neppach. Ein Nekrolog. o.O. 1958.

Jähnigen, Brigitte, Moser, Fritz, Friz, Martin: Die Vesperkirche. Ein Stuttgarter Modell. Stuttgart 1997.

Johannes Reuchlin – der Humanist. Begleitheft zur Ausstellung in der Evangelischen St. Leonhardskirche Stuttgart und der Württembergischen Landesbibliothek Stuttgart. Stuttgart 2003.

Josenhans, Marie: Meine alten
Weiblein. Alltagserlebnisse aus der
alten armen Zeit. Stuttgart 1985.

**Kafoussias, Georg/Kosmidis,
Dimitris:** Die Griechen im
Bohnenviertel. 1957–1987. 30
Jahre Griechische Gemeinde in
Stuttgart. o.O. 1987.

**LEG (Landesentwicklungsgesell-
schaft Baden-Württemberg):**
Stadt Stuttgart Bohnenviertel.
Bericht über das Ergebnis der
Vorbereitenden Untersuchungen
nach dem Städtebauförderungs-
gesetz. Stuttgart o. J.

Lenz, Hermann: Stuttgart. Porträt
einer Stadt. Frankfurt am Main/
Leipzig 2003.

Löffel, Wilhelm (Knöpfle): Kraut
ond Rüaba. Vermischtes aus dr
Scheuer. Gedichte, Geschichten,
Szenen. Herausgegeben von
Hartmut Löffel. Biberach 1996.

Meyer, Herbert: Schillers Flucht
nach Mannheim. In Selbstzeugnis-
sen, zeitgenössischen Berichten
und Bildern dargestellt. Meyers
Bildbändchen Neue Folge, Band
16/17. Mannheim 1959.

Raith, Anita: Württemberg. In:
Hexen und Hexenverfolgung im
deutschen Südwesten. Aufsatz-
band. Herausgegeben von Sönke
Lorenz im Auftrag des Badischen

Landesmuseums Karlsruhe und in
Zusammenarbeit mit dem Institut
für Geschichtliche Landeskunde
und Historische Hilfswissenschaf-
ten der Universität Tübingen.
Stuttgart 1994, S. 197–206.

Renz, Günter: (Verantw.):
Evangelische Leonhardskirche
Stuttgart: Zerstörung und
Wiederaufbau. Materialheft zur
Ausstellung. Stuttgart 2000.

Sauer, Paul: Geschichte der Stadt
Stuttgart. Band 2: Von der Einfüh-
rrung der Reformation bis zum
Ende des 17. Jahrhunderts. Herausgegeben von der Städt. Sparkasse
und der Städt. Girokasse Stuttgart.
Stuttgart 1993.

Sauer, Paul: Geschichte der Stadt
Stuttgart. Band 3: Vom Beginn des
18. Jahrhunderts bis zum Abschluß
des Verfassungsvertrags für das
Königreich Württemberg 1819.
Stuttgart/Berlin/Köln 1995.

Schneider, Wolfgang Christian:
Planung und Gestalt des natio-
nalsozialistischen Stuttgarts. In:
Brunold, Andreas: Stuttgart –
Stadt im Wandel. Vom 19. ins
21. Jahrhundert. Tübingen 1997,
S. 46–104.

Schorlau, Wolfang: Die blaue
Liste. Denglers erster Fall.
Köln 2005.

Schorlau, Wolfgang: Fremde
Wasser. Denglers dritter Fall.
Köln 2006.

Schorlau, Wolfgang: Brennende
Kälte. Denglers vierter Fall.
Köln 2008.

Schorlau, Wolfgang:
Das München-Komplott.
Denglers fünfter Fall.
Köln 2009.

Sterra, Bernhard: Das Stuttgarter
Stadtzentrum im Aufbau.
Architektur und Stadtplanung
1945 bis 1960. Stuttgart 1991.

West, Fritz: So ist Stuttgart. Ein
unterhaltsamer Begleiter für In-
und Ausländer. Stuttgart 1933.

Zanker, Richard: Geliebtes altes
Stuttgart. Erinnerungen und
Begegnungen. Stuttgart 1977.

Bildnachweis

Nachwort und Danksagung

Dieses Bändchen über das Bohnenviertel entstand dank einer Förderung durch die Landeshauptstadt Stuttgart und zahlreicher Bohnenviertler, Gewerbetreibender, Bewohner und Bewohnerinnen sowie des Handels- und Gewerbevereins Bohnenviertel. Sie alle haben in vielen Gesprächen, oft trotz knapper Zeitressourcen ihren Beitrag geleistet. Ihnen allen ein herzliches Dankeschön! Das gilt ebenso jenen, die hier nicht namentlich erwähnt wurden. Auch sie haben zum Entstehen des Werkes beigetragen, denn alle gemeinsam prägen das Bohnenviertel.

Ein weiterer Dank gilt Wolfgang Schorlau und meiner geduldigen Lektorin Karin Haller und vor allem meinem Mann Robert Tetzlaff, ohne den dieses Buch nicht entstanden wäre.

Impressum

Verlag und Autorin danken der Landeshauptstadt Stuttgart und dem
Bund der Selbständigen, Handels- und Gewerbeverein Bohnenviertel e.V.
für die Unterstützung dieser Publikation.

Die Texte von Wolfang Schorlau wurden abgedruckt mit freundlicher
Genehmigung der Verlag Kiepenheuer & Witsch GmbH & Co. KG,
Köln.

Die Deutsche Nationalbibliothek verzeichnet diese Publikation in der
Deutschen Nationalbibliografie; detaillierte bibliografische Daten sind im
Internet über http://dnb.dnb.de abrufbar.

Der Konrad Theiss Verlag ist ein Imprint der WBG

© 2015 by WBG (Wissenschaftliche Buchgesellschaft), Darmstadt
Die Herausgabe des Werks wurde durch die Vereinsmitglieder der WBG
ermöglicht.
Umschlaggestaltung: Stefan Schmid Design, Stuttgart
Lektorat: Karin Haller, Stuttgart
Kartografie: Peter Palm, Berlin
Gestaltung und Satz: DOPPELPUNKT, Stuttgart
Gedruckt auf säurefreiem und alterungsbeständigem Papier
Printed in Germany

Besuchen Sie uns im Internet: www.wbg-wissenverbindet.de
ISBN 978-3-8062-3045-1

Elektronisch sind folgende Ausgaben erhältlich:
eBook (PDF) 978-3-8062-3131-1
eBook (epub) 978-3-8062-3132-8